HERMES

在古希腊神话中,赫耳墨斯是宙斯和迈亚的儿子,奥林波斯神们的信使,道路与边界之神,睡眠与梦想之神,死者的向导,演说者、商人、小偷、旅者和牧人的保护神……

西方传统 经典与解释 HERMES
Classici et Commentarii
柏拉图注疏集

刘小枫 甘阳 ● 主编

哲学的奥德赛
——《王制》引论

The Republic: the Odyssey of Philosophy

[美] 郝兰 Jacob Howland | 著

李诚予 | 译

华夏出版社

古典教育基金 "资龙"资助项目

"柏拉图注疏集"出版说明

"柏拉图九卷集"是有记载的柏拉图全集最早的编辑体例,相传由亚历山大时期的语文学家、数学家、星相家、皇帝的政治顾问忒拉绪洛斯(Θράσυλλος)编订,按古希腊悲剧的演出结构方式将柏拉图所有作品编成九卷,每卷四部(对话作品三十五种,书简集一种,共三十六种)。1513年,意大利出版家Aldus出版柏拉图全集,被看作印制柏拉图全集的开端,遵循的仍是忒拉绪洛斯体例。

可是,到了十八世纪,欧洲学界兴起疑古风,这个体例中的好些作品被判为伪作;随后,现代的所谓"全集"编本迭出,有31篇本或28篇本,甚至24篇本,作品前后顺序编排也见仁见智。

俱往矣!古典学界约在大半个世纪前已开始认识到,怀疑古人得不偿失,不如依从古人受益良多。回到古传的柏拉图"全集"体例在古典学界几乎已成共识(Les Belles Lettres 自上世纪二十年代始陆续出版的希法对照带注释的 *Platon Œuvres complètes* 以及 Erich Loewenthal 在上世纪四十年代编成的德译柏拉图全集均为36种+托名作品7种),当今权威的《柏拉图全集》英译本(John M. Cooper 主编,*Plato, Complete Works*, Hackett Publishing Company 1984,不断重印)即完全依照"九卷集"体例(附托名作品)。

"盛世必修典"——或者说,太平盛世得乘机抓紧时日修典。对于推进当今中国学术来说,修典的历史使命当不仅是续修中国古代典籍,同时得编修古代西方典籍。古典文明研究工作坊属内的"古典学研究中心"拟定计划,推动修译西方古代经典这一学术大业。我们主张,修译西典当秉承我国清代学人编修古代经典的精神和方法——精神即:敬重古代经典,并不以为今人对世事人生的见识比古人高明;方法即:翻译时从名家注疏入手掌握文本,考究版本、广采前人注疏成果。

"柏拉图注疏集"将提供足本汉译柏拉图全集(36种+托名作品7种),篇序从忒拉绪洛斯的"九卷集"。尽管参与翻译的译者都修习过古希腊文,我们主张,翻译柏拉图作品等古典要籍,当采注经式译法(即凭靠西方古典学者的笺注和义疏本迻译),而非所谓"直接译自古希腊语原文"(如此注疏体柏拉图全集在欧美学界亦未见全功,德国古典语文学界于1994年开始着手"柏拉图全集:译本和注疏",体例从忒拉绪洛斯,到2004年为止,仅出版不到8种;Brisson主持的法译注疏体全集,九十年代初开工,迄今未完成一半)

柏拉图作品的义疏汗牛充栋,而且往往篇幅颇大。这个注疏体汉译柏拉图全集以带注疏的柏拉图作品为主体,亦收义疏性质的专著或文集。编译者当紧密关注并积极吸取西方学界的相关成果,不急欲求成,务求踏实稳靠,裨益于端正教育风气、重新认识西学传统,促进我国文教事业的新生。

刘小枫　甘阳
2005年元月

柏拉图注疏九卷集篇目

卷一
1. 游叙弗伦（顾丽玲 译）
2. 苏格拉底的申辩（吴飞 译）
3. 克力同（程志敏 译）
4. 斐多（刘小枫 译）

卷二
1. 克拉提洛斯（刘振 译）
2. 泰阿泰德（贾冬阳 译）
3. 智术师（柯常咏 译）
4. 治邦者（张爽 译）

卷三
1. 帕默尼德（曹聪 译）
2. 斐勒布（李致远 译）
3. 会饮（刘小枫 译）
4. 斐德若（刘小枫 译）

卷四
1. 阿尔喀比亚德前篇（梁中和 译）
2. 阿尔喀比亚德后篇（梁中和 译）
3. 希普帕库斯（胡镓 译）
4. 情敌（吴明波 译）

卷五
1. 忒阿格斯（刘振 译）
2. 卡尔米德（彭磊 译）
3. 拉克斯（罗峰 译）
4. 吕西斯（黄群 译）

卷六
1. 欧绪德谟（万昊 译）
2. 普罗塔戈拉（刘小枫 译）
3. 高尔吉亚（李致远 译）
4. 美诺（郭振华 译）

卷七
1. 希琵阿斯前篇（王江涛 译）
2. 希琵阿斯后篇（王江涛 译）
3. 伊翁（王双洪 译）
4. 默涅克塞诺斯（李向利 译）

卷八
1. 克利托普丰（张缨 译）
2. 王制（史毅仁 译）
3. 蒂迈欧（叶然 译）
4. 克里提阿（叶然 译）

卷九
1. 米诺斯（林志猛 译）
2. 法义（林志猛 译）
3. 厄庇诺米斯（程志敏/崔嵬 编译）
4. 书简（彭磊 译）

杂篇 （唐敏 译）

（篇名译法以出版时为准）

目 录

中译本说明(娄林) …………………………………… 1

说明与致谢 …………………………………………… 1
柏拉图生平及相关大事记 …………………………… 1

文献与历史语境

一 柏拉图的雅典 …………………………………… 2
二 《王制》与政治哲学的起源 …………………… 10
三 批评与挑战 ……………………………………… 13

解 读

四 序曲:解读柏拉图 ……………………………… 24
五 哲学的旅程 ……………………………………… 33
六 重重挑战 ………………………………………… 57
七 从头再来:苏格拉底的神话创作与哲学教育 … 76
八 喜剧版双城记 …………………………………… 92
九 太阳、线与洞穴:哲学的想象与预言 ………… 116
十 回家? 厄尔神话中的哲学与必然 ……………… 144

书目精编 ……………………………………………… 154
内容索引 ……………………………………………… 164

译者附识 ……………………………………………… 174

中译本说明

娄 林

荷马与柏拉图的关系——或者按照专业术语,诗歌与哲学的关系,是西方思想的核心问题之一,历来研究者众。①自从哲人开启了这场争论之后,②尤其是现代哲学普及之后,为诗歌的辩护总是隐而不彰,而现代哲学常常以哲学论文的形式为诗歌辩护,这本身恰恰凸显出哲学的胜利,其辩护是否有效自然令人怀疑。相反,古老的哲学之批评诗歌,则是以诗歌的方式——比如克塞诺芬尼和柏拉图,他们的诗歌外衣令哲学和诗歌的关系反倒显得更加复杂。那么,要理解这个问题,或许首先不是在理论上探讨诗歌与哲学的本质,而在于理解柏拉图哲学的诗歌形式的复杂性所在。

这就是通常所谓柏拉图的写作方式问题。③施特劳斯在《城邦与人》第二章《论柏拉图〈王制〉》中说:

> 我们在阅读亚里士多德的《政治学》时,随时都会听见亚里士多德的声音,可是,在阅读《王制》的时候,我们从来听不到柏拉图本人的声音。……因此我们不能从柏拉图作品中判断柏拉图的思

---

① 可参 Jules Labarbe,《柏拉图的荷马》(*L'Homere de Platon*),Faculté de Philosophie et Lettres, 1949;另参 Zdravko Planinc,《柏拉图的荷马》(*Plato Through Homer:Poetry and Philosophy in the Cosmological Dialogues*),University of Missouri Press,2003。

② 最早的攻击似乎来自克塞诺芬尼残篇10:"荷马和赫西俄德都说,诸神和人类一样,有种种耻辱和过错:通奸、偷盗、说谎,他们无不精通。"

③ Leo Strauss,《城邦与人》(*The City and Man*), Chicago:University Of Chicago Press,1978。

考。如果有人从柏拉图对话中摘引一段作为柏拉图的观点,他这么做,就好像是根据莎士比亚而断言,生命就是一场愚人故事,充满喧哗与躁动一样。(页50)

在《城邦与人》中,施特劳斯仅有两次提到过最伟大的戏剧作家莎士比亚(两处都是提及《麦克白》),意图自然是要强调柏拉图的戏剧写作形式。虽然一百多年前的施莱尔马赫就注意到戏剧的写作形式,但是,真正恢复古典政治哲学视野的解读,还是由于施特劳斯的思想劳作。根据郝岚(Jacob Howland)的看法,强调柏拉图的哲学戏剧形式胜于哲学论文的关键在于,这些对话"模仿了苏格拉底的对话风格,并且赞许苏格拉底的原则——教师需要指导学习者承担起自我教育的任务"(参本书原文页28),也就是让哲学对话本身成为灵魂教育的"教师"。这首先关系到的是哲人自身的灵魂教育问题,由此,我们得以进入诗歌与哲学的关系这个"简单而复杂"的问题:

> 就简单而言,诗与哲学的关系涉及的是非常具体的政治哲人的德性问题,未必像我们想象的那样宽泛得没有边界。就复杂而言,为何哲人需要隐藏自身或者哲学需要诗这件外衣,这个问题不容易理解,更不容易说清楚。①

不过,所谓"外衣",并不仅仅是戏剧的表现形式,我们不能把柏拉图对话的诗歌形式等同于戏剧形式。至多可以说,戏剧形式是诗歌表达方式的一个面相——即便是最重要的面相。薇依(Simone Weil)则非常关注另一个面相:"《王制》中建立的理想城邦是纯粹象征性的,在这个命题上人们常有误解。""柏拉图运用了大量意象。""洞穴的比喻,人类困境的可怕比喻。我们现在就是这样(而不是我们从前如此)。"②

---

① 刘小枫,《内敛的哲学与外显的诗》,收于《王有所成》,上海人民出版社,2015年10月,页141。
② 薇依,《柏拉图对话中的神》,吴雅凌译,华夏出版社,2012,页164、165、170。

薇依使用了"象征""意象"和"比喻"三个词,但表达的含义基本一致:以某种形象的方式传达真理,而非理论论述。简言之,诗歌的方式。在《王制》中,几乎在所有最重要的关节处,柏拉图都采用诸多形象和比喻申其教诲,比如洞穴喻、航船喻、太阳喻、线段喻诸种。他还直言应该采取这种方式。在回答阿德曼托斯关于哲人与城邦关系时,苏格拉底说道:"你正问的问题,我说,需要用一个比喻(εἰκόνος)来解答。"(487e)此处"比喻"一词希腊语原意即影像,与后文509d以下的用法相同,但其中基本义涵并无二致。面对阿德曼托斯关于苏格拉底不擅长比喻的说法,苏格拉底回应说:"不过,你还是先听我这个比喻吧,这样,你就更能明白,我是多么渴望各种比喻了。"之后是非常著名的航船喻。而所谓"各种比喻"或影像,首先指航船喻本身不是一个单一的意象,而是具有更多丰富的次级意象或者更高一层的意象,但也暗指了随后的太阳喻和洞穴喻,甚至卷十的厄尔神话,乃至于《王制》中城邦与灵魂的基本意象:这就是搭建整个《王制》框架的灵魂与城邦的类比。诸如此类,我们都可以称之为"象":"圣人有以见天下之赜,而拟诸其形容,象其物宜,是故谓之象。"(《周易·系辞上》)所以,如果严格按照柏拉图的用法,我们就应该说象,或者意象。①

郝岚作为柏拉图对话优秀的解读者,在《哲学的奥德赛:〈王制〉引论》这本处女作中对柏拉图对话中的意象尤为关注。郝岚的解读敏感不仅在于他捕捉到《王制》中那些惯常的意象,而且精确地把握住《王制》作为一个整体的灵魂意象。对于这一点,郝岚多年以后大约依旧颇为自得:

> [色诺芬的]《上行记》(旧译《长征记》)作为文学与哲学的双重范本,值得重做一番发掘。色诺芬邀请读者跟他一道加入一场哲人的自我发现(philosophical self-discovery)之旅,而当我们把《上行记》作为柏拉图《王制》的姊妹篇来研究的时候,这一自我发

---

① 马特,《柏拉图的神话之镜》,吴雅凌译,华东师范大学出版社,2008,页144。

现的格局和意义会暴露得最为明显。这条路径就我见闻所及,尚未有人尝试,它来自这样一种认识:色诺芬的文本,其实应和了柏拉图那篇最为知名的对话中的那些重大主题和事项。如果我们再注意到,这两篇著作对于荷马《奥德赛》的化用,则两者之间的平行关系就可以得到进一步的印证。所有这三个文本,讲述的是同一个关于心灵和肉体如何回家的故事,而这个故事所借以敞开的层面,既有智识的和形而上学的层面,也有体现为物质现实的文字层面。①

郝岚自得之处,看起来是将色诺芬《上行记》与柏拉图《王制》对观的解读,但这种对观能够成立的前提恰恰是对荷马的《奥德赛》的化用。尽管在郝岚之前,著名古典学者西格尔(Charles Segal)就曾撰文探讨荷马与《王制》的关系,可以作为郝岚此种解读的先声,②但总体上,西格尔只是点明二者之间的关系,郝岚则更进一步处理这场"哲人的自我发现之旅"与《奥德赛》之间的意象关联。

根据郝岚的看法,这个关联的核心发端于《奥德赛》开篇:"为保全自己的身体(psuchē,本意是灵魂),和同伴们返回家园。"(《奥德赛》,1.5)《王制》中关于航船、洞穴、冥府等诸多明显借自《奥德赛》的意象,以及《王制》作为整体的灵魂意象,暗示或者隐喻的是,"哲学最终试图成为一种人类……形而上学的灵魂返乡",《王制》中的荷马意象会促使我们进行这样的哲学旅程,让灵魂"返回起源,返回到宇宙或整全中

---

① Jacob Howland,《色诺芬的哲人之旅:色诺芬的〈上行记〉与柏拉图的〈王制〉》(Xenophon's Philosophic Odyssey: On the *Anabasis* and Plato's *Republic*),*The American Political Science Review*,Vol. 94,No. 4(Dec.,2000),页875 – 889,中译参邱立波译文,载于刘小枫主编,《古典诗文绎读:西学卷·古代编》),华夏出版社,2008,页340 – 369。

② Charles Segal,《拯救神话》(The Myth Was Saved: Reflections on Homer and the Mythology of Plato's *Republic*),载于 *Hermes* 106, no. 2 (1978): 315 – 336;中译收于张文涛主编,《神话诗人柏拉图》,华夏出版社,2010,页221 – 249。

的恰当位置"(本书原文页49)。更为可贵的是,郝岚非常明白柏拉图对荷马的借用并不能掩盖二者之间的根本区别:奥德修斯返乡是政治生活的必然举动,而哲学返乡似乎并不是必然的。他甚至称此为"哲学的开端"(同上,页50),也就是说,第一哲学是政治哲学,是有着诗歌外衣的哲学,而不是形而上学。这个区别就有了深刻的双层含义,一方面,二者含混的雷同,能够将哲人的灵魂探究安然地放置在从政治性的道德返乡之中,而另一方面,只有认识到其中的区别之后,才可能开启哲学的开端。

但是,在荷马笔下,这个返乡之旅显得过于残酷:奥德修斯虽然费尽辛劳,"终未能救得同伴"(《奥德赛》1.6),那么,如果柏拉图的《王制》意象接近《奥德赛》,苏格拉底作为这场灵魂返乡之旅的主人公,他的同伴能够幸免于难吗?或者说,如果哲学的灵魂返乡作为《王制》的隐喻,这些交谈的同伴能够到达这样的目的地吗?换言之,《王制》的根本目的是制造"形而上学的灵魂返乡",也就是制造哲人——制造诸多哲人?这就可能意味着,我们阅读《王制》的首要或者最终目的是成为哲人。郝岚在全书结尾时写道:

> 苏格拉底的同伴们在对话中追求哲学的景象,无论成败,都有助于展示出我们若要成为哲人就必须拥有的那种灵魂。总之,正是在细致地、理智地进入这部对话的过程中,正是在尽可能地思考其中各个角色的经典言行时,我们才有可能最好地模仿奥德修斯、厄尔以及苏格拉底本人。

郝岚的意味非常明确,我们应该让自己的灵魂成为哲人的灵魂。但是,谁是郝岚所谓的"我们"?或许是每一位阅读《王制》的读者。但这很可能是一个不切实际甚至太不审慎的哲学疯狂。柏拉图却认为:"要成为一个完美的哲人所应具有的一切,这些天性在人类身上是罕见的,只有极少数人[才具有这些天性]。"(《王制》491a)某种意义上,我们可以说,《奥德赛》中的奥德修斯如果作为哲学寓言,他最终孤身返乡就是必然的,因为哲学首先是"我"的事情,是柏拉图所谓那些极少数有此天性之人才能够涉足之地——洞穴喻清楚传达出哲学之多艰。当郝岚把"我"置换为"我们"时,很可能出现柏拉图描述的情形:"那些着手于哲学的人……那些在其中晃荡时间更久的人——大多会变得奇奇怪怪,即便不说他们完全变坏。"(487c-d)这并不是哲学太高傲,而是哲学备至艰难。

在《王制》结尾,苏格拉底和他的同伴言谈结束之际,他对格劳孔说:"不过,倘若我们被我说服了,相信灵魂不仅不死,而且能够经得起所有的坏、所有的好,那么,我们便会永远行走在向上的路上,在各个方面都睿智地一心一意践行正义,这样,我们就可以成为我们自己的朋友和神们的朋友。"这与其说是哲学劝导,不如说在表面上更像道德劝诫——虽然精审的阅读必然会解释为哲学劝导。但是,这个表面的面纱所遮掩的,正是郝岚在全书结尾所敞露的。意象作为一种哲学表达,一方面在于通过诗歌意象令读者相信灵魂不朽,从而在道德上"永远保持向上的道路",另一方面,又可以引诱真正追求哲学灵魂的"自我"成为自己的朋友,也就是成为认识"自我"之存在本质的哲人。倘若如郝岚所言,《王制》最终呈现的是哲学或形而上学的灵魂还乡之旅,那么,诗歌面纱在本质上已经没有必要。实际上,诗歌的面纱恰恰要遮掩住这个日常政治世界所不能承受的"真理",更要保护真正的哲学可能会受到的败坏和腐蚀。在如今这个哲学泛滥的年代,哲学所受到来自哲学普及形式的腐蚀尤其严重,对此,苏格拉底早有前瞻(《王制》,487d)。

或许,正是由于这一哲学泛滥的时代背景,郝岚才在本书中更加强调哲学灵魂的养育,因为热爱智慧的灵魂早已为"哲学"之名所诱惑。我们可以将这本《哲学的奥德赛:〈王制〉引论》视为一个双重导读。首先自然是《王制》导读。全书实际上分为两个部分,第一部分五章,是这个导读的导读。郝岚为了便于现代读者进入柏拉图的希腊哲学世界,不但简单勾勒基本的希腊观念,而且要回应各种现代哲学对柏拉图的批评意见,同时,他还必须论证自己以《奥德赛》阅读《王制》的正当理由。此后,则是作者根据细节的精读而在总体上勾勒《王制》的梗概——可以说,在这个意义上,本书后半部分是一篇相当称职的《王制》导论。而对郝兰本人来说,这本书或许也是一次导读,因为他在自己未来的学术生涯里,《王制》和柏拉图的其他著作一直是他精心耕耘的重点。①

最后,必须感谢译者李诚予博士的辛劳。他的专业虽是法学,但他的读书思考从未受学科局限,博雅之风斐然。诚予是笔者多年好友,如今,我们早已从广州颠沛至北京,希望如苏格拉底或品达所言,人生虽然颠簸,但是,"我们永远行走于向上的道路"。

2015 年 12 月 7 日于北京

---

① 以《王制》为例,2014 年郝岚刚刚撰写一篇关于格劳孔的论文,从标题我们就可以看出,"灵魂"依旧是他的焦点所在:《格劳孔的命运》(Glaucon's Fate: Plato's *Republic* And the Drama of the Soul),载于 *Proceedings of the Boston Area Colloquium in Ancient Philosophy*, Volume 29, Issue 1,页 113 – 136,2014;另参《哲学神话》(The Mythology of Philosophy: Plato's Republic and the Odyssey of the Soul),载于 *Interpretation*, Vol. 33/3(Summer 2006)。

说明与致谢

本书所引《王制》英译文,除部分由作者本人操觚,皆引自 Allan Bloom 译本(New York:Basic Book,1968)。古希腊原文若无特别注明,则以 James Adam 所编两卷本 *The Republic of Plato* 第二版为依据(Cambridge:Cambridge University Press,1963)。

本书第九章修订自作者《洞喻与"位"的难题:智术师、诗人与哲人》一文(The Cave Image and the Problem of Place:The Sophist,the Poet,and the Philosopher,载于 *Dionysius* 10[1986],页 21 – 55)。谨此感谢原刊编者准予使用此文。

本书以如下方式处理术语问题:(一)书中所涉古希腊文全部转写为拉丁拼音。部分常见古希腊文——如 polis、logos——以正体出现,ēros 则通篇采用斜体,以强调柏拉图的独特意指。① (二)便利之计,我为苏格拉底的神话与比喻编拟了标题,也有助于将作为整体的某个神话或比喻区别于与之同名的神话或比喻的要素。因此仅在本书第六、七章提及其哲学喻象时,方以楷体标出日喻之日、线喻之线与洞喻之洞。具体到洞喻之中,囚徒们居留的洞穴与火、影等物相同,皆为其构成要素。与此类似,赋人以隐身法的指环也只是居盖斯指环神话中的核心构造。

本书原系"泰温经典研究"(Twayne's Masterwork Studies)第 122 号成果。再次感谢塔尔莎大学哲学系的同事们——尤其是 Paul Brown——对我的支持与鼓励。哈佛大学已故教授 Charles Segal 对本

---

① [译按]中译也保留古希腊文原文,仅在首次出现时进行基本注解,字体均用正体。

书的构思予以了无私帮助,同事 Paul Rahe 丰富的古希腊知识使我获益良多,我的继父 Henry V. Hayes 则阅读了初稿。特此对以上三位表示由衷感谢。塔尔莎大学在 1990 年提供的夏季系科发展研究员职位,大大裨益我动笔写作。

本书之刊行有赖俄勒冈大学 Peter Warnek 主持的 Paul Dry Book 计划。感谢 Warnek 先生鼓励我再版此书。Chapman 基金会慷慨提供出版资助,塔尔莎大学艺术与科学学院院长 Tom Benediktson 准予使用该笔资助,于此一并致谢。

柏拉图生平及相关大事记

（以下纪年皆为公元前）

约 750—700　荷马与赫西俄德时代。古希腊城邦兴起，规模不大、数量众多、各自为政，多为反君主制之政治共同体。

510—507　雅典处于佩西司德拉达提伊（Pisistratid）僭政末期，民主共和初现。

480—479　古希腊城邦联袂御敌，萨拉米斯（Salamis）、普拉提亚（Plataea）两役大败波斯帝国，脱外族倒悬之厄。

469　苏格拉底生于雅典，其父索福罗尼斯库斯（Sophroniscus，据传乃一石匠），其母斐依娜里特（Phaenarete）。

461　伯利克勒斯（Pericles）主政雅典。雅典军事、经济快速崛起，外筑高墙，内营建造，传世者如帕特农神庙，于雕塑、壁画方面耗资颇巨，涌现大量悲剧作品，作家中以埃斯库罗斯（Aeschylus）、索福克勒斯（Sophocles）、欧里庇得斯（Euripides）最为著名。

431　忒拜军队（Thebans）攻陷普拉提亚，与雅典结盟。忒拜人后被俘、遭屠戮。雅典与斯巴达及其各自盟邦自此爆发伯罗奔半岛战争。战事持续凡二十七年，雅典帝国一蹶不振，走向衰落。

430　伯罗奔半岛人入侵雅典，乡郊烧为白地，灾民涌入内城避祸，瘟疫横起。雅典人迁怒伯利克勒斯，罢其权，治其罪，但遂又使之复职。

429　伯利克勒斯染瘟疫，病逝。

约 428	阿里斯托克勒斯（Aristocles）生于埃癸那岛（Aegina），其父阿里斯同（Ariston），其母佩里克提奥涅（Perictione），皆为贵胄之后，家境殷实。阿里斯托克勒斯后改名柏拉图，古希腊文字义"宽阔"，或言其额头饱满、肩膀宽阔，或指其文风旷达。
423	雅典酒神节上演阿里斯托芬（Aristophanes）所作喜剧《云》，剧中苏格拉底形象乃一哲人，研究自然，不事宗教，授人以不义之修辞。
421—420	大抵为《王制》成剧时间。雅典将军尼基亚斯（Nicias）与斯巴达人暂订和约。阿尔喀比亚德（Alcibiades）主政雅典政治，人聪颖、善言辞、有抱负，柏拉图《会饮》《阿尔喀比亚德前篇》《阿尔喀比亚德后篇》《普罗塔戈拉》等篇目多有描绘。
约 420	柏拉图拜私人教师学习语法、音乐、诗歌、数学、摔跤，头脑敏锐又肯下苦功，举止得体、知节持重，后成为伊斯特米运动会（Isthmian Festival）摔跤比赛中颇具实力的奖项竞争者。
415	阿尔喀比亚德说服雅典人出动大规模海军远赴西西里（Sicily）。开拔前某夜，雅典保护神赫耳墨斯在城内的所有石像均遭毁损。阿氏为人构陷，亦被控于厄琉西斯秘仪有渎神之过，最终治罪，但获准先与拉马库斯（Lamachus）、尼基亚斯二将军出征，途中又被传回接受审判，愤而叛逃斯巴达，并泄露军事机密。
414—413	拉卡库斯阵亡。叙拉古人围城雅典，尼基亚斯以月食恶兆为由，拒绝撤回。雅典海军被困叙拉古港口，全军覆没。
413	阿尔喀比亚德通奸斯巴达王阿基斯（Agis）之妻，败露后逃至波斯总督提萨弗尼（Tissaphernes）处求得庇护，建言波斯趁雅典、斯巴达战时得渔翁之利，又利用权位暗中襄助雅典，以期重获母邦青睐。

411	四百僭主篡取雅典政权，执政不足百日即被推翻，民主制度得以重建。雅典人民呼唤阿尔喀比亚德归来。
410	柏拉图年十八，以青年（ephebe）或成年公民身份参军服役，为期两年。
408	柏拉图于雅典公共场合听闻苏格拉底谈话，为之倾心；此前，柏拉图或曾创作若干诗歌、戏剧，得窥苏氏灵魂之美后，悔其少作，乃付一炬。阿尔喀比亚德荣归雅典，再获将衔，然深为众人惧怕，遂重返前线。
405—404	雅典在伊哥斯波塔米（Aegospotami）失掉关键一战，出海口佩雷欧斯（Piaeus）遭斯巴达人封锁，粮道阻断，被迫投降。斯巴达组"三十僭主"掌雅典，实施恐怖政治，首领系柏拉图亲戚克里提阿（Critias），其叔父卡尔米德（Charmides）亦忝列当中。《王制》剧中角色珀勒马科斯（Polemarchus）、尼克拉托斯（Niceratus）为三十僭主所杀。克里提阿视阿尔喀比亚德为僭政大患，建言斯巴达除之后快，于弗里吉亚（Phrygia）得手。
404—403	雅典民众起义，占据佩雷欧斯。克里提亚与卡尔米德随后死于战事。三十僭主倒台，民主政治复兴。
399	雅典法庭以不敬雅典诸神、引进新神、败坏青年之罪名，公审、判决、处死了苏格拉底。民主政权认定，阿尔喀比亚德、克里提亚、卡尔米德常随苏格拉底出入，故后者须对前者行为负相当责任。苏格拉底死后，柏拉图与苏氏诸门生远赴迈加拉（Megara）。此后十二年间，曾往北非库瑞涅（Cyrene）、埃及、意大利等地，并开始创作、修改以苏格拉底为主角的对话录。
约 388	柏拉图首次旅居西西里，遇叙拉古僭主狄奥尼修斯一世妻弟——狄翁（Dion），二人结为终生挚友。
约 386	柏拉图开始授课，在雅典城外购得土地，建一学园，毗邻宗教圣地阿卡德慕斯（Academus），取名阿卡德美亚（Academy）。学园历九百年。哲人亚里士多德（Aristotle）

	于诸门生中最为拔萃,后出任亚历山大大帝家庭教师。
367	狄奥尼修斯一世崩,子继父位,号二世。狄翁邀柏拉图重访叙拉古,望二世能得教诲,克成"哲人王"。此行以失败告终,狄翁横遭放逐。之后,柏拉图三访叙拉古,敦请二世召回狄翁,亦未成功。
约357	狄翁推翻狄奥尼修斯王政,掌权柄三年后遇刺。柏拉图因与僭主狄翁、狄奥尼修斯过从甚深,颇受指摘。
约348	柏拉图于雅典去世,尊为"圣者"。对话录三十五部,存于阿卡德美亚图书馆,荫庇后世,泽被无穷。

[译按]本节所涉古希腊人名、地名,多参考希罗多德《历史》之王以铸译本(商务印书馆,1959年版)、《伯罗奔尼撒战争史》之谢德风译本(商务印书馆,1960年版)、《王制》之王扬译本(《理想国》,华夏出版社,2012年版)、《阿尔喀比亚德》之梁中和译本(华夏出版社,2009年版)等书,特此致谢。

文献与历史语境

一 柏拉图的雅典

雅典的竞赛

"人不值得去过一种未经省察的生活。"①苏格拉底如是批评他的审判团。这句话概括出公元前5世纪雅典公共话语中两个显著的特征:对人类经验的持久探索,对何为最好生活之难题的强烈眷注。柏拉图的《王制》于此堪称不朽经典——尤精以哲学方式审问人类天性(nature)与人类生活中价值与意义之来源。但是,埃斯库罗斯、索福克勒斯和欧里庇得斯的悲剧与撒提尔剧、阿里斯托芬的喜剧、伯利克勒斯的政治说教、品达的凯歌,以及希罗多德和修昔底德的史撰,至少早在柏拉图的对话录四分之一世纪之前,就已登上公共话语的舞台。正如至迟自荷马以降的希腊公共生活在各方面所展示出来的那样,这个舞台被构造成一处充满辩论和竞争的场所。运动员、剧作家、演员与合唱团[4]在雅典和希腊的节日上争取荣誉;与之相似,风格、体裁各不相同的种种言辞无一不在竞相表达对人类命运的看法——具体而言,见之于政治共同体、诸神与天道(cosmos)②,什么才是最好的人类生活。这一竞赛在哲学和

---

① 柏拉图,《申辩》,38a。[译按]原书注释均为尾注,中译本全部转为脚注。中译参见吴飞译疏,《苏格拉底的申辩》,华夏出版社,2007。
② [译按]原文系古希腊文 kosmos 之英译,意指一个有序的、相互协调的、涵有万物的整全,因而与近代以来对"宇宙"的科学认识在旨趣上大有不同,此处强译为"天道"。作者在后文将进一步讨论其中的政治哲学意义。

政治上尤其重要,因为对参赛选手而言,无论在怎样的意义上,对他们最好的奖励就是智慧——对万物之整全(the whole)的理论和实践的知识,其中也包括对什么是生活以及什么是最佳生活的认识。

雅典人对智慧的追寻有其传统格局,但公元前5世纪的雅典人对这套人与世界的传统观念却持有一种较为灵活的态度——要求它能够面对一切质疑。诸神之地位及本性便是一例。共享的宗教神话与仪轨(关于诸神的传说和祭祀庆典)维护着古希腊政治共同体。这套神话和仪轨将宙斯与奥林匹斯万神殿置于神圣世界的中心。① 但是苏格拉底及其同代人敏锐地体察到,人类的解释在这些宗教传统形成过程中所发挥的微妙作用;进而,他们更为核心的关注是诸神及其表面上所代表和管理的天道秩序的含混性。公元前5世纪的历史学家、希波战争的记叙者希罗多德,赫西俄德的《神谱》,以及荷马的《伊利亚特》与《奥德赛》,无不为希腊人展示出一个神圣世界:"诸神自何处生,抑或恒久常在,以何种形式示人——不妨说,凡此种种,希腊人在不久前方得知晓;荷马与赫西俄德最早勾画了诸神的家世,赋予他们名讳、尊荣,描绘他们的形体;由此推知,二位诗人所处时代早于刻下不过四百年而已。"②

最终,古希腊的剧作家们彻底领悟了希罗多德这段话中所包含的最激进的含义:大约在柏拉图出生前后的雅典,欧里庇得斯作《赫库芭》(Hecuba),通过塔尔提比俄斯(Talthybius)之口质疑诸神是否存在,阿里斯托芬作《云》,让苏格拉底坚称宙斯纯系子虚乌有,而这些观点

---

① 参见韦尔南(Jean - Pierre Vernant),"希腊宗教"(Greek Religion)词条,载《宗教百科全书》(*The Encyclopedia of Religion*),卷六,Mircea Eliade 编,(New York:Macmillan,1987),页99-118。

② 希罗多德《历史》(*The Persian War*),George Rawlinson 译(New York:The Modern Library,1942),2.53。[译按]中译参见王以铸译:希罗多德《历史:希腊波斯战争史》,商务印书馆,1959。

在当时居然颇有市场。① 但是,雅典剧作家们的戏剧[5]得以上演却以某种神圣化为基础——这些剧目在公民节庆日上演,而这些节日乃是为了荣耀酒神狄俄尼索斯,同时也为领受其庇护。总而言之,雅典思想在对其传统起源的态度上呈现出两方面的显著特点:既尊重传统,又秉持批判立场。

城 邦

公共辩论的活力来自 polis[城邦]或城邦国家,这种共同体形式正是 political[政治的]一词的词源,并且也反映在柏拉图的标题 Politeia[政制]当中。柏拉图时代的古希腊并不是一个城邦相互联合的政治实体,遑论现代人所熟悉的民族国家。我们必须认清,古希腊人作为一个民族,生活在数百个政治上互相独立的共同体(poleis)之中,地理范围从西班牙和法国的海岸线延伸到爱琴海,从黑海纵贯直至利比亚,但是他们并没有因为共同的语言、宗教和文学以及政治传承而联合起来。

很多城邦公民数量不足五千。公民须得是成年男性,但共同体在整体上也包含奴隶(战俘为其典型)、居留在此的外邦商人。雅典在规

---

① 《赫库芭》(Hecuba),行 488–492,载《古希腊悲剧全集》(The Complete Greek Tragedies),第四卷,David Grene 与 Richmond Lattimore 编(Chicago: University of Chicago Press,1959);《云》(Clouds),367,载《有关苏格拉底的四个文本:〈游叙弗伦〉、〈申辩〉、〈克力同〉与阿里斯托芬的〈云〉》(Four Texts on Socrates: Plato's "Eutbypbro," "Apology," and "Crito" and Aristopbanes' "Clouds"),Thomas G. West 与 Grace Starry West 译,Ithaca, N. Y.: Cornell University Press,1984。所引阿里斯托芬其他剧作,引自《阿里斯托芬集》(Aristophanes),三卷本,B. B. Rogers 译,洛布古典文库(Loeb Classical Library),Cambridge, Mass.: Harvard University Press,1924。下文引用所有希腊剧作皆随文注出,不再列入脚注。[译按]《云》的中译参见罗念生译:《云 马蜂》,上海人民出版社,2010。

模上达到了一个 poleis 的上限,在伯罗奔半岛战争爆发时拥有大概两万五千名公民。城邦之外还包含了整个阿提卡地区,战争爆发时这个地区生活着大概三十万人(包括妇女、儿童、外邦商人和奴隶)。地理上说,城邦包括一座建在山上、四面围墙的城池,或者一座起到防御作用的卫城(acropolis,"高处之城"[high polis]),并且由足够维持其居民生活的农田环绕。并不是所有人都居住在城内,但是当外敌入侵时所有人都要躲入内城寻求庇护。

古希腊人最为自豪的,是他们在城邦中享有自由而独立的生活方式。① 古希腊人认为自由就是法律之治,所有公民在法律面前一律平等。"与生活在野蛮人当中不同,"伊阿宋(Jason)提醒美狄亚注意,她为何能从二者的夫妻关系中颇为受益,[6]"你居留在希腊人的土地上,懂得公义,知道生活的依据是法律而非强力。"(欧里庇得斯,《美狄亚》[Medea],行 536 - 538)不说希腊语的邻族被称为 barbaroi(蛮族),明显是因为外族语在希腊人听来就是"叭啦叭啦"的喑哑噪杂。Barbarian 除了表面上的排外情绪,这个词还隐含着微妙的政治含义。对古希腊人而言,法治的最大益处在于它给人们提供机会,去分享开放的公共辩论。在这样的城邦中,公民个人的 logos(这个词意味着"言辞"和"理性",因而最好译为"理性的言辞")在作为整体的共同体生活中亦能找到自己的位置。但是,蛮族即便被征服归化,其语言在政治上也是含糊不清的(babble),因为它不产生任何公共意义。这并非偶然:伊阿宋在说完上面那段话后立即给他的法治观察加上了一个更加深远的观点,认为希腊人通过 logos 获得了荣誉:"如果你生活在大地的遥远边界上,就不会有人听懂你"——也就是说,"那里没有你的 logos"(《美狄亚》,行 540 - 541)。

总之,一个波斯人或一个埃及人的生活是不值得羡慕的,因为他生

---

① 以下是对拉赫观点的概括。参见拉赫(Paul A. Rahe),《古今共和:古典共和主义与美国革命》(*Republics Ancient and Modern: Classical Republicanism and the American Revolution*), Chapel Hill: University of North Carolina Press, 1992,第一章,页 28 - 54。

活在一个由专制君主统治的庞大帝国之中。他是臣民,而非公民。他被统治,绝无统治的机会。最重要的是,他的言行与政治毫无关系,因而只是沧海一粟。与此相对,polis 虽无大海般广阔深远,但任何居于其间的公民都在决定战争与和平的问题上享有权利,从而决非一粟。事实上,求取在同胞中卓拔而立的机会正是城邦公共生活的驱动力。"这是自由的召唤,"忒修斯(Theseus)在一部悲剧中说,"'什么样的人才有好的建议献给城邦,并且希望这建议为众人知晓?'回答问题者赢得荣耀;缄口不言者唯得宁静。对城邦而言,还有什么比这更公平?"(欧里庇得斯,《乞援女》[Suppliant Women],行 438 – 441)。从政治上说,城邦可以是贵族制、寡头制或民主制,甚至是僭主制。但无论政体形式如何,城邦都是一个要求公民直接参与战争与和平事务的共同体。

雅典人对城邦的骄傲,或许最好地表达在伯利克勒斯为第一批在伯罗奔半岛战争中牺牲的[7]雅典战士葬礼上所作的著名演讲中。① 按照伯利克勒斯的说法,城邦本身就足以保证一种值得去过的生活,因为它允许个人根据真正的高贵和价值卓尔不群。事实上,现代人区分了社会与城邦:前者的范围相对宽泛,社会成员可以通过公共交互行为来追求私人目的;而后者的范围相对狭隘,治理意味着保护和维持社会,从而私人生活和公共生活都只具有相对价值,与城邦的状况判然有别。"一个雅典公民不可以因为关心自己的家庭而忽视城邦,"伯利克勒斯在葬礼演讲中说,"我们不会将一个不关心公共事务的人视为一个无害的人,而是视为一个无用的人。"(修昔底德,2.40)

柏拉图的学生亚里士多德也持类似观点。亚里士多德指出,城邦出现的理由在于生活,但若要持存下去就必须朝向善好的生活。对于有利与不利、善与恶、正义与不义,我们共享着一整套观念,经过 logos

---

① 修昔底德,《伯罗奔半岛战争志》,载《英译修昔底德》(Thucydides Translated into English),Benjamin Jowett 译(Oxford: Clarendon Press, 1881),2.34 – 47。[译按]中译参见谢德风译:《伯罗奔尼撒战争史》,商务印书馆,1960。

的表达,构成了政治共同体。① 政治生活的肃穆与高贵来自政治事务的肃穆与高贵,这是私人生活无法企及的。与此相应,一个不愿参与政治事务的人,也会被认为搞不清什么事情才是最重要的:古希腊人称之为 idiōtēs,也就是 idiot[白痴]的词源。

何为"卓越"?

在政治生活的重要性问题上,城邦公民取得了共识,由此鼓舞、荣耀了公共话语。但是,公共话语的参与者也意识到,在政治化的人类灵魂中存在着根本的内在紧张。这些紧张在古希腊城邦——尤其是雅典——的暴力史中展现出来。雅典帝国主义所产生的对抗最终引发了贯穿柏拉图童年、少年以及成年后早期生涯的伯罗奔半岛战争。

[8]重温这场战争及其时代所孕育的杰出雅典人物(如阿尔喀比亚德),可以帮助我们辨明两个问题,它们彼此紧密联系,深藏于古希腊公共生活的根砥之中。② 第一,对荣誉的热爱——这种激情促使城邦公民在公共事务中追求卓越——最终导致了对抗与战争,无论是与其他政治共同体,还是在自己的共同体内部。对荣誉的热爱萌蘖出多数人对少数人的嫉妒,也培育了战争,因为着迷于荣耀的人或城邦往往体现出僭主的倾向。最终,共同体若是维护了荣誉的追求者,其激情就会反过来破坏共同体:荣誉之爱紧紧勾连着有助于塑造良好公民的德

---

① 亚里士多德,《政治学》,Carnes Lord 译(Chicago: University of Chicago Press,1984),1253 a11-18。[译按]中译参见吴寿鹏译:《政治学》,商务印书馆,1960。

② 阿尔喀比亚德之生平事迹,参见本书"柏拉图生平及相关大事记",普鲁塔克《雅典兴衰》中对其的记叙(Plutarch: *The Rise and Fall of Athens*, Ian Scott-Kilvert 译,Harmondsworth: Penguin,1960);以及笔者文章《苏格拉底与阿尔喀比亚德:爱欲、虔敬与政治》("Socrates and Alcibiades: ēros, Piety, and Politics"),载 *Interpretation*,第18卷,第1辑,1990,页63-90。

性,但其最为极端的形式,既会腐蚀城邦,也会腐蚀个人。这不是偶然的,作为古希腊政道群经之首的《伊利亚特》,究其根本正是对这一问题的深入挖掘。

第二,荣誉之爱也联系着作为公共德性对立面的个人欲求(appetites)。在《尼各马可伦理学》中,亚里士多德最早指出:"人们追求荣誉,目的就是为了确认自己的价值;因而,他们希望从贤达者以及了解他们的人那里获得荣誉,并且他们想要获得荣誉的基础是其自身的德性或优异。"但是,亚里士多德随后又坚称,大多数人热爱荣誉并不是因为它能够证明他们的卓越,而是因为它可以使他们从有地位的人那里获取利益。① 换言之,大多数人热爱荣誉,是因为它象征了权力,而权力有助于保证他们对享乐与财富的欲求能够得到满足。

柏拉图深刻地体察到这些自利的欲求对人类之卓越品质所构成的挑战。在公元前5世纪后半期,一群被称为智术师(sophists)的教头开始在雅典来回奔走,以教授修辞术谋生,帮助人们在法律和政治事务中获取成功。某些智术师也试图拿出一些理论,或是蓄意破坏法律与习俗的权威性和正义的诉求,或是辩称自由散漫的享乐主义生活最为优越。总之,都是要将那些在政治上大有问题的欺骗性修辞加以合法化。这样的观点在公共话语领域中攻城拔寨,充斥在彼时的文学作品中,如[9]欧里庇得斯的《独眼巨人》(*Cyclops*)。在这部向荷马致敬的撒提尔剧中,独眼怪物波吕斐摩斯(Polyphemus)离群索居、目中无神,吃掉所有误入岛上洞穴的旅行者。他认为强力至上,好的生活就该满足个人的身体欲求,"对聪明人来说钱(而非宙斯)就是神"(《独眼巨人》,行316)。

波吕斐摩斯认为,人生就是对身体欲求的不断满足。而在柏拉图看来,这种人生态度对政治共同体和哲学都构成了严重伤害。但是,哲学与政治共同体之间似乎也存在着张力,一如它们与自利的身体欲求

---

① 亚里士多德,《尼各马可伦理学》,Martin Ostwald 译(Indianapolis: Bobbs‑Merrill,1962),1095b26—29,1159a17–21。[译按]中译参见廖申白译注:《尼各马可伦理学》,商务印书馆,2003。

之间存在的紧张,因为对荣誉的求取并不能保证真正的卓越。由于联系着对卓越的欲求,荣誉之爱或许可以成为一片沃土,培育出一种自发的、对卓越的热爱。苏格拉底在《王制》中探索了这一可能性,试图将格劳孔的政治热情从对权力的诸种享乐扭转到凭藉哲学获得卓越上去。

二 《王制》与政治哲学的起源

苏格拉底身后三百五十年,古罗马作家西塞罗写道:柏拉图的老师"是第一位将哲学从天上降至城邦中的人,并且将她带回了人的家乡,促使她对人生与道德、善与恶发问"。① 诚如西塞罗所言,苏格拉底之前的古希腊哲人(所谓"前苏格拉底哲人")与诗人、史家不同,更加热衷于探索"天"(the heavens)的自然(nature,或译为"天性"、"本性"、"本质"),无意于追究人类生活的问题。但是,苏格拉底将哲学的焦点从无生命的自然界转移到了人类事务上,并且因此彻底改变了哲学本身的性质。通过积极地向公民伙伴提出关于"人生与道德、善与恶"的问题,苏格拉底将公共事务、政治事务加以哲学化。他呼唤哲学从天上降至人的城邦,从而建立起政治哲学(所谓政治,就其最宽泛的意义而言,是在人类共同体中生活所涉及的一切事务)。

苏格拉底不留文字,故而若要感受政治哲学对于这些源始性基本问题[11]的理解,最为直接的办法就是阅读柏拉图的作品。柏拉图描写了"一个年轻貌美的苏格拉底"(《书简二》,314c1-4)。这句话明白地显示出,苏格拉底在柏拉图对话录中的形象并不符合那个在雅典城邦中真实存在过的苏格拉底,柏拉图也无意描述一个历史的苏格拉底。在这一关联中,一个评论者观察到"即便我们做出了最不明智的假设(如果这么做了,就是最为谨慎的假设),认为柏拉图的对话只是在忠实地记录对话,所有这三十五部对话也仍然是柏拉图的作品;……(例如,)苏格拉底或许和柏拉图本人的确进行过对

---

① 西塞罗,《图斯库卢姆谈话集》(*Tusculan Disputations*),J. E. King 译(Cambridge, Mass.:Harvard University Press, 1927),5.10-11。

谈,但是在柏拉图的对话录中并没有苏格拉底与柏拉图的对谈"。①

当然,这也绝非是说柏拉图的作品与历史上的苏格拉底或者他的政治哲学,没有任何关系。毕竟,柏拉图对话录的主角名叫苏格拉底。② 柏拉图将他的哲学主角设定成"一个年轻貌美的苏格拉底",从而通过这些对话录告诉我们,所谓哲学就是对他老师的哲学活动的阐释。简言之,柏拉图将哲学等同于苏格拉底的哲思(philosophizing),是对其恰当的理解(并且因此一定程度上清除掉了那些"陈旧的"与"丑恶的"因素)。这些对话就是维护、传递这一理解的载体。

或许柏拉图要求读者面对的最为基本的哲学问题是"苏格拉底的哲思是什么?"《王制》,柏拉图最著名的对话,以一种综合的方式提出了这一问题。柏拉图的所有作品都关注了苏格拉底将哲学引入城邦,此话题在《王制》中的特殊重要性或许来自以下几个方面:这篇对话毫不隐瞒它的政治主题,以及它的情节与结构,苏格拉底的角色既是叙述者又是主人公。柏拉图的作品中只有《法义》(Laws)和《治邦者》(Statesman)像《王制》一样,在标题中就强调其政治主题;《法义》(苏格拉底并未出现)也是唯一一部篇幅长于《王制》的对话。除了《王制》,还有三部对话从头到尾都是苏格拉底在说话:《情敌》(Lovers)、《卡尔米德》(Charmides)、《吕西斯》(Lysis)。[12]最终,《王制》作为戏剧一定意义上重演了苏格拉底为政治哲学揭幕的仪式:苏格拉底花了整个晚上,将哲学介绍给一群怀抱政治理想的年轻人,回应他们的质疑,诱使他们沉醉于哲学的魅力。

在柏拉图的所有对话当中,《王制》将我们带到了距离政治哲学起源最近的地方。这也是其长盛不衰的一个主要原因。当既有的教导或理论不再被轻易接受,尤其在常识与意见显现出需予重新审视的必要时,所有的问题总是在某个智识传统的开端处最为清晰可

---

① 施特劳斯,《城邦与人》(The City and Man, Chicago: University of Chicago Press,1978),页55。.

② 除非特别注明,书中所言"苏格拉底"皆指柏拉图对话录中的苏格拉底角色。

见——也往往呈现得最为深刻。我们应当注意,古希腊的政治传统在苏格拉底时代远未成熟:苏格拉底出世前,城邦也不过存在了百十多年,雅典的民主历史还不足半个世纪。由于苏格拉底,哲学在风格(公开提问)与旨趣上(人类事务)成为"政治的"。柏拉图的《王制》因而也靠近哲学关注人类生活的开端,靠近哲学通往关乎人类事务与人类命运的公共话语领域的入口。出于这些原因,现代读者不断发现《王制》以鲜活的、极具启发的方式一次又一次地开放了如下这些最为深刻的问题:人类灵魂、人类共同体、崇拜与信仰的适宜对象、哲学的本性,以及哲人与政治共同体的关系。

三 批评与挑战

哲学家怀特海说:"整个欧洲哲学传统无非是在给柏拉图做注脚。"①至少可以说,整个政治哲学史都可以被当作对《王制》的回应。

序曲:阿里斯托芬对苏格拉底的控告

阿里斯托芬(公元前448—前385年)的喜剧《云》创作于公元前423年的雅典。它的主题是苏格拉底——具体而言是苏格拉底的哲学——给雅典人的人性及其政治共同体的团结带来了危险。剧中,苏格拉底主持着一个phrontistērion——"思想所"(thinketeria)——一个生产"新颖的和陌生的"思想的地方(《云》,行896)。"陌生的"这个词也出现在公元前399年那场审判的控词当中,指控苏格拉底引进"新的和陌生的神祇"。事实上,苏格拉底在《云》中[14]最为惹眼的新奇思想也和神有关。而且,苏格拉底把舌头忝入他所认可的诸神之列,意味着他将诸神视为纯粹是修辞的产物(《云》,行423)。

阿里斯托芬将苏格拉底对传统宗教的颠覆,申说为对正义以及更宽泛地维持政治共同体的多种人类关系的全盘歪曲。苏格拉底教斯瑞西阿德斯(Strepsiades)欺骗他的债主,因为他知道违背神圣誓言

---

① 怀特海,《过程与实在(修订版)》(*Process and Reality*),David Ray Griffin 与 Donald W. Sherburne 编(New York:Free Press,1978),2.1.1。[译按]中译参见李步楼译:《过程与实在》,商务印书馆,2011。

也并不会受到责罚。但是,他也教给斯瑞西阿德斯的儿子可以打父亲,因为 Zeus patrōon["宙斯,父亲的保护神"]是虚构的(《云》,行 1468–1471)。总的说来,苏格拉底揭露了 logos 利用公正、善好和高贵的共同观念来束缚人类;而言说着这些观念对象的语言,远非共同体内部所形成的价值公度,最终反映的只是说话者个人的、私己的、基本的身体欲求。戏剧开幕时,斯瑞西阿德斯就预示了这种教导,公民大会为达成协议而展开争论,被他比作一个人在睡觉时放屁、打呼噜(《云》,行 5–11)。

苏格拉底首次在舞台上亮相,挂在一个篮子里面,对着天空冥思苦想,他思考的不是诸神,而仅仅是物理的自然(《云》,行 218)。苏格拉底的言辞在形而上学上是合适的,因为他向来看不上或者说干脆蔑视人类和诸神(《云》,行 226、1399–1400)。思想所被描绘成一个阴暗潮湿、满是虫子、乌七八糟的地方。苏格拉底在篮子里研究天空,而他的学生忙着研究地下,"屁股朝天撅着"研究天象(《云》,行 192–194)。屁股做了眼睛的活儿,苏格拉底的教导也无法认识到神圣事物在宇宙秩序中的位置,因而也就不能区别高贵与低贱。此外,苏格拉底既要追踪天体的运动轨迹,也要测量虱子、跳蚤的细微活动,但是在思想所里却没人对人类事务产生任何兴趣,而这些事情正处在天空之高与虫豸之低的中间位置(《云》,行 144–172)。

[15]缺少了对中间地带,也就是对人类的适当关注,阿里斯托芬暗示,就无法区分高与低,而且人类和神圣事物都被贬低了。由于忽略了人类相对于动物的优越性——对狗和鸡的大量描写形成了一条线索(《云》,行 3、491、660–667、810、847–851、1427–1431;另参行 226)——苏格拉底的教导也颠覆了我们对神圣的感知:他那关注跳蚤蹦和蚊子屁的思想被称为"奥义"(Mysteries),而这个词一般说来带有强烈的宗教启蒙意义(《云》,行 143;另参行 250 以下)。并且,宗教启蒙被假设为福祉的源泉,然而,苏格拉底的启蒙事实上有害于灵魂。在苏格拉底的宇宙里没有爱与友爱的纽带:苏格拉底对学生十分严厉,就像对待一群被捕获后又遭

受虐待的动物(《云》,行 184 – 186)。而且,斯瑞西阿德斯把思想所比作一个可以通往地下的洞穴,将苏格拉底座下这群"半死不活"的学生比作冥界的魂影(《云》,行 504、508;另参行 103、119 – 120)。

在公开审判中,苏格拉底把阿里斯托芬称为他的"第一批控告者"中最有影响的人(柏拉图,《申辩》,18b – e)。阿里斯托芬的控告,正如后来的正式起诉,无非指责苏格拉底的哲学事实上是某种形式的诡辩,仅仅是一种肤浅的智术,颠覆正义与友爱的传统基础——尤其是宗教虔敬与敬畏,同时又不进行任何建树,从而败坏了政治共同体。

对审判团来说,苏格拉底和阿尔喀比亚德的关系尤其能够证明先后两拨控告者的指控。苏格拉底在柏拉图的《斐多》中宣称他最初醉心于自然研究(97b – 100a),并且历史上的苏格拉底或许的确是在《云》首演之后,才从前苏格拉底的哲学关注转移到了人类事务领域。阿里斯托芬的控告存在着一个重要方面,即预演了亚里士多德和尼采对苏格拉底的批评。后人就对话录展开批评,启发《王制》的读者在《云》的驱使下发问:为什么阿里斯托芬和雅典人对苏格拉底的指控似乎是成立的,而苏格拉底的哲学能否克服这样的指控,澄清自己既非传播恶劣的理论,也不会造成恶劣的公民关系?

极端主义:亚里士多德与波普尔

柏拉图之后的作家反对《王制》,或多或少有似于阿里斯托芬对苏格拉底的批评。特别是柏拉图的学生亚里士多德(公元前384—前322年),以及20世纪著名哲学家波普尔(Karl Popper),二者认为《王制》会在政治上和哲学上煽动起危险的极端主义。

《王制》中,苏格拉底和他的同伴们试图建构一个"言辞中的城邦"(city - in - speech),通过与人类灵魂类比,阐明正义的本性(369a)。① 这个过程实际上包括了连续构造四个相互独立的城邦:第二卷中的猪的城邦(City of Pigs)和发烧的城邦(Feverish City,369b - 372d,372e - 374a),第四卷中的阿德曼托斯城邦(City of Adeimantus),以及第七卷中的完美城邦(Kallipolis)或"高贵而优美的城邦"(Noble and Beautiful City)。第五卷中,苏格拉底在讨论正义政制时用似是而非的政治话头引起了三波"浪潮"(457b - c,472a)。正义的政制需要女人和男人必须共同从事相同的事务,要求男人们共有女人和孩子,不能分别组成家庭。进而,苏格拉底声称,城邦永远不会终止祸患,除非哲人成为统治者或者统治者成为哲人(473c - e)。

在批评完美城邦的共有制时,亚里士多德使用了一个实践性的模式或蓝图。苏格拉底引入妇女和儿童共有,是为了增强城邦的团结:只要没有相反的知识,他认为,公民就会倾向于彼此视为亲密的家庭成员。但是亚里士多德坚称,这一方法实际上会损害将共同体成员纽结在一起的友爱与正义。拥有一千个"孩子"和一千对"父母",他指出,就会稀释一个人对任何特定个人的情感;此外,这样一种安排将会导致乱伦和其他悖逆行为。城邦无论如何都不会是纯粹的共同体,因为它的后备军(414b)就像是一支由外邦人组成、却又驻守在城邦之内的卫戍军队(《政治学》,2.2 - 5)。最后,亚里士多德称,最好的政制不应是哲学的[17]君主制,而是要在为所有被统治的公民提供机会的基础上实施统治(《政治学》,7.14)。

与很多后世的批评家一致,亚里士多德含蓄地假设,苏格拉底对完美城邦的表述旨在为人类描绘一个政治共同体组织形式的蓝图或理想模型,至少可以将之理解为一俟实现便是最佳的城邦。基于这样的假设,《王制》便是在推行一项特定的政治计划,并且无论完美城邦存在怎样的问题,或是走到了怎样的极端上去,都反映出柏拉图的政治学要

---

① 古希腊宗教知识入门,可参阅韦尔南,"希腊宗教"词条,前揭,页99 -118。古希腊宗教在仪式上包括向诸神献祭、还愿,入教典礼与仪轨,等等。

么是愚蠢的,要么是极端主义的。

波普尔的著作大概是后一种解释路径中最为重要的范例。在《开放社会及其敌人》中,波普尔认为:柏拉图是集权主义的始作俑者,他的反民主作品在政治上不断"散播毒性"。① 为了支持这一命题,波普尔专门讨论了《王制》。他宣称,《王制》"被作者别有用心地处理成一个对话式的政治宣言,而不是一部理论著作",作者的最终目的是将国家建构成一个超然在上的统治堡垒,得到弑婴者、审查制度和谎言的支持,并且对所有政治异己者进行"清洗"(波普尔,卷一,页 53、166;另参页 45 - 54)。柏拉图的正义观是集权主义的,否则就根本谈不上什么正义;因为真正的正义是平等主义的。同理,柏拉图的社会是封闭的,而最好的社会是"开放的"——也即,在这个社会中"个人勇敢地面对自己的抉择"(波普尔,卷一,页 86;另参页 173)。

亚里士多德和波普尔的批评具有一定价值,因为他们使我们注意到,完美城邦会受人操纵,并且首先以非正义的面目呈现出来。进而,波普尔对柏拉图的回应强调,完美城邦极大地挑战了我们的平等主义理念和正义的民主观念。例如,苏格拉底强调宗教神话在正义城邦中具有政治功用。而这种对诗人的政治使用来源于以下观点:占少数的哲人和占多数的非哲人在判断谎言的道德和智识能力上存在根本差异。这种看法似乎认为普遍启蒙是不可能的,同时含蓄地批评了所有以统治他人之权利为基础的政体都不以智慧为基础。

[18]总之,苏格拉底在建构言辞城邦的过程中,强烈地挑战了我们对自决(self - determination)的现代情感。但这并不会必然地要求我们追随苏格拉底(更别说柏拉图),将完美城邦解释成一幅政治蓝图或者一项行动计划:苏格拉底或许也意识到了这一特定政制的缺陷。我们对《王制》的终极评价一定程度上有赖于我们是否同意亚里

---

① 波普尔,《开放社会及其敌人》(*The Open Society and Its Enemies*),第 1 卷(Princeton:Princeton University Press,1966),页 42。[译按]中译参见陆衡等译:《开放社会及其敌人(全二卷)》,中国社会科学出版社,1998。

士多德和波普尔。目前而言,能够指出我们的阅读将会探索另一种阐释策略,并为之辩护,就足够了。

从天道到混沌:尼采

Kosmos 在古希腊语中意为"有秩序的整体"。尽管现代早期哲学家用一种涵摄万物的物理学观念取代了"天道"(cosmos),但它仍有可能将世界描述为一个内在有序的整体,尽管最富属人特征的道德、智识能力似乎很难从中找到位置。然而,尼采(1844—1900)却将这一已经非常弱势的"天道"推到了绝境。由此,尼采以重复、拓展阿里斯托芬的方式挑战了苏格拉底哲学。

尼采反复宣称,所有的秩序观念,以及所有的人类视界,在建构中都排除掉了混沌(chaos)。然而,世界是一个不停变化的混乱流溢,在此背后、在此之上并不存在稳定的、持久的实在(reality)。因此人类感知之外并无真理,唯有强加于此一流变之上的种种看法(perspectives)。所有这些看法根本上都来源于各种欲望或本能之间的混乱争斗;我们证明出哪种欲望最强,就用它来解释我们的经验。"理性"也是一种看法。它被哲学家和科学家在潜意识中命名为他们自己的主导欲望:"迄今为止,所有伟大的哲学都是……其作者的个人告解,一种无意识、不自觉的自传。"[①]

尼采在其早期著作中论称,人生令人难以忍受地缺乏意义。而人生要想获得价值,[19]并不取决于哲学省察,像苏格拉底所期望的那样,而是因创造性的视界而得以"增强"。但是,创造的天赋只能在幻象的包裹中成长、成熟,尤其只能发生在一个文明正在孕育的阶段,这

---

① 尼采,《善恶的彼岸:未来哲学的序曲》(*Beyond Good and Evil: Prelude to a Philosophy of the Future*), Walter Kaufmann 译(New York: Random House, Vintage Books, 1966 年),页 13。[译按]中译参谢地坤等译:《论道德的谱系/善恶的彼岸》,漓江出版社, 2007。

就使得它们自身如同真理一样,并因此遮掩了萎靡不振的无意义的人生。① 因而,最为重要的创造就来自文化的奠基者,他们以其包罗万象的诗学视野从混乱中开创出秩序。最高的人类存在和最伟大的立法者就是荷马这样的艺术家,而非哲人。

尼采事实上挑战了苏格拉底的哲学,后者将哲学从诗歌中甄别出来,认为诗歌只是虚构的创造性作品,有碍真理的发现。苏格拉底坚称"哲学与诗歌之间的古老争论"(607b),而尼采在《悲剧的诞生》中认为,柏拉图的对话实际上是最糟糕的诗歌,至少这些对话的形成"受到了苏格拉底幽灵的压力"。② 在尼采看来,荷马的"质朴"诗歌表现了混沌对秩序与和谐之幻象的完全胜利;这些诗歌通过如梦如幻的意象所包含的简单与美好增强了生命的活力。而埃斯库罗斯和索福克勒斯的悲剧以另一种非常不同的方式增强了生命力:他们都屈从于表面秩序无可避免的消解,但是也以某种方式超越了内在于混乱的痛苦,从混乱的迷醉("狄俄尼索斯的"刺激)和诗学形象的治愈力量("阿波罗的"刺激)中获取到能量。在柏拉图的对话中,正如在荷马的诗歌中,有秩序的阿波罗之梦禁绝了一切混沌。但是尼采认为,苏格拉底将表彰荷马之质朴艺术的阿波罗冲动限制为"逻辑系统之茧"(Nietzsche,1967,页91),通过坚持不变的、形式的、哲学的"真理"——苏格拉底没能看到其本身也是一个虚构——高于诗歌,最终耗尽了阿波罗之梦中增强生命力的潜在力量。

---

① 尼采,《历史学对生活的利与弊》(*On the Advantage and Disadvantage of History for Life*),Peter Preuss 译(Indianapolis:Hackett Publishing,1980),页10,39。[译按]中译见李秋零译:《不合时宜的沉思》,华东师范大学出版社,2007。

② 尼采,《悲剧的诞生》(*The Birth of Tragedy*),见《〈悲剧的诞生〉与〈瓦格纳事件〉》(*The Birth of Tragedy and The Case of Wagner*),Walter Kaufmann 译(New York:Random House,Vintage Books,1967),页91。[译按]中译参见孙周兴译:《悲剧的诞生》,商务印书馆,2012。

最后,尼采认为苏格拉底的哲学反对生命,并不滋养生命。在一部晚期著作中,他声称苏格拉底就像是心灵患了病,要将理性僭越于本能之上。[1] 或许更为重要的是,尼采像阿里斯托芬一样,将政治和文化视界的瓦解归咎于他,实际上是在指控苏格拉底败坏了人类生命。[20] 苏格拉底诘问的起点,是要揭露传统的或者前哲学的自我理解的不足,从而深入探究人类生活的最终基础。这样一种诘问将其自身理解为对真理之发现的参与,但忽视了人类经验所形成的种种"看法"。结果,苏格拉底的哲学纯粹而深刻地蜕变为破坏性的哲学:它拆除了人类创造的习俗或传统仅仅是在表面上形成的秩序,但它必然无法于内在混乱的自然之上重新发现秩序。最为重要的是,文化视界本身往往很容易受到苏格拉底诘问的破坏,这种诘问不可避免地会揭露前者的无根性。

当代批评:纳斯鲍姆

纳斯鲍姆(Martha Nussbaum)的《善的脆弱性》(*The Fragility of Goodness*)是当代柏拉图研究中最为重要的作品之一。[2] 英美学界的柏拉图主流研究常常忽略柏拉图所采取的文学形式具有何种哲学意义。纳斯鲍姆与此不同,她坚持认为对话形式是柏拉图教学法的实质要求。和尼采一样,纳斯鲍姆相信,通过将对话放置在与之最为密

---

[1] 尼采,《偶像的黄昏》(*Twilight of the Idols*),载《尼采随身读本》(*The Portable Nietzsche*),Walter Kaufmann 译,New York:Penguin Books,1976年。[译按]中译参见卫茂平译:《偶像的黄昏》,华东师范大学出版社,2007。

[2] 纳斯鲍姆(Martha Nussbaum),《脆弱的善:古希腊悲剧、哲学中的机运与伦理》(*The Fragility of Goodness:Luck and Ethics in Greek Tragedy and Philosophy*),Cambridge:Cambridge University Press,1986。[译按]中译参见徐向东译:《善的脆弱性》,译林出版社,2007。

切的文学样式——古希腊悲剧——的联系之中进行审查,对话的全部意义便能得到理解。同样,和尼采一样,纳斯鲍姆认为对话是对悲剧的"反悲剧式"回应。

在纳斯鲍姆看来,悲剧认为人类特有的情感——特别是那些通过爱、亲情、友谊等等与特定个人建立起来的复杂感情联系——天然地易受机运(luck)变化的影响,并且常常遭遇心理上和道德上的冲突与矛盾。但是由于这些情感内在于人类的善,所以人类的善是"脆弱的"。尽管纳斯鲍姆准备好接受脆弱的善,即便这价值本身也是脆弱的,但她认为苏格拉底并不持同样的观点。具体而言,她坚称,在《王制》中,苏格拉底将哲学视为一种对在前述意义上并不脆弱的善的寻求[21]——改造灵魂以使之消解个人情感牵系而几乎完全纯粹的智识目的与活动。(Nussbaum,页90、158-159)

在后一个观点的引领下,纳斯鲍姆构造起对柏拉图的批评,同时在某些方面也是与阿里斯托芬和尼采的共鸣:哲人试图超越人类存在的悲剧特性,因而学着去蔑视某些生命特征;这些生命特征存在于人类共同体之中,具有增强并补救人类存在的能力,从而被诗歌高扬。简言之,柏拉图在《王制》中为一种超人生活而辩护,但这种生活在某些意义上又劣于人类的生活,因其代价乃是一种自我封闭,排斥了诸多假以获知、澄清人性的欲望与情感。(Nussbaum,页160)

常见的批评主题

《王制》的批评者反复回到苏格拉底哲学与人类经验的本质特征(特别是涉及维持政治共同体的思想与生活模式)之间的紧张问题上。这一开启了 phusis[自然]与 nomos["习惯"、"习俗"或"法律"]之关系的问题以某些既定的形式表现出来。阿里斯托芬认为,苏格拉底哲学的本质就是要去消解 nomos 的约束——至少认为 phusis 本身无法支撑人类的政治经验,从而败坏了政治共同体。尼采发展出类似的观点,认为哲学思考会对文化视界产生破坏作用,并因此破坏人类要在这些视界中寻求庇护的可能。阿里斯托芬对 phusis 的理解或许——并且他对此问题的思考在某些重要的方面与尼采相似——暗示苏格拉底的追问将人置于一个恶劣的、无神的天道观念当中,不给那些支撑城邦及其成员个体的热望、希望和恐惧留下任何栖身之地。

[22]亚里士多德——他最终也被雅典人指控为不敬神明——的批评相对温和:像波普尔一样,他确实没有发现苏格拉底的探索在本质上有何错谬,然而他质疑了苏格拉底在柏拉图政治学路向上扮演的角色。亚里士多德与波普尔要求我们注意文本阐释的问题、完美城邦的极端特征,以及关于民主平等主义之理论假设的实质性问题。古典政治哲学追求善之知识,纳斯鲍姆接受这一理解,但是她发现《王制》中的哲学观念存在缺陷,认为它至少无法触及人类生活中诸多价值源泉。

为了回应尼采,《王制》一定程度上必须展示:苏格拉底的哲学教育并非一场不切实际的空谈,而哲学的 logos 也不只是一种糟糕的诗歌。此外,《王制》必须去为自己的作者以及剧中的主角免除人格缺陷的指责,为其免除阿里斯托芬最先指出的那种糟糕的公民形象的罪责。即便哲学是可能的,又如何可欲? 我们审读《王制》的任务之一,就是要展示这部作品本身如何最为清晰地提出并阐明了这一问题。

解　读

四 序曲:解读柏拉图

若不关注柏拉图的写作风格,就无法理解其作品。首要一点便是注意对话体本身乃是一种尤为特殊的文学形式——更适合舞台表演而非哲学论证。这一解读将《王制》置于古希腊文学语境之中,并且可以相应地采取文学解释策略,因为柏拉图本人明确地将他的对话视为哲学对古希腊文学传统的发展。柏拉图为什么要写下这些对话?《王制》和其他文学样式之间是一种怎样的关系? 这些问题指引我们进入《王制》。

柏拉图的哲学戏剧

柏拉图对雅典公共话语传统的贡献,主要在于结合了创新与批判这两个正在成为该传统之基本特征的维度。柏拉图以一种新颖的方式走上雅典公共话语的舞台。据传,柏拉图为了参与狄俄尼索斯庆典上的竞赛,曾经写过一部四联剧(三部悲剧加[26]一部撒提尔剧),然而遇到苏格拉底之后就彻底打消了参赛的念头。① 这则轶事或许是虚构的,但它提醒我们要去面对这样一个事实:柏拉图的写作在某种意义上构成了哲学对戏剧诗的摹仿与变造。

柏拉图与雅典剧作家之间具有一个很明显的关联:正如悲剧作家将荷马时代早期的英雄转变为悲剧主角,柏拉图发明了一种新的文学

---

① 第欧根尼,《名哲言行录》(*Lives of Eminent Philosophers*),第1卷,R. D. Hicks 编译,收于 Loeb Classical Library,Cambridge,Mass.:Harvard University Press,1938,1:3.5,此后随文注出。[译按]中译参见马永翔等译:《名哲言行录》,吉林人民出版社,2003。

样式——对话体哲学戏剧——和一种新的文学角色——哲人。正如悲剧和撒提尔剧的作者,柏拉图常常借用史诗中的形象、神话甚至情节。但是这些对话在很多基本层面上也类似于阿里斯托芬的喜剧:场景设置在公元前5世纪的雅典,而非遥远的神话时代;剧中角色往往是与苏格拉底生活在同一时代有名有姓的人;包括《王制》在内的很多喜剧充斥着可笑的角色与事物。① 柏拉图的对话因而既有创新,也包含传统的因素:整合了公共话语既有文体中的重要元素,同时将其作为一种新的话语类型区别于既有的文体。

为什么柏拉图要在文体上超越悲剧、撒提尔剧和喜剧,并将其中的重要元素整合进他的作品? 假设传统戏剧的风格有损柏拉图作品的哲学品质,为什么他不采取前苏格拉底哲人——如芝诺(Zeno)和高尔吉亚(Gorgias)——的方式进行哲学论证?② 要想解答这些问题,就必须说明对话形式在教育上的优势,以及柏拉图吸取完善的诗歌形式的哲学意义。下面让我们逐一考察这些问题。

对话即教师

苏格拉底读诗,但不写诗,仅有的例外是在赴死之前,作了一首颂歌献给阿波罗,还以伊索寓言为底子编了几行诗(《斐多》,60c - 61b)。而且,苏格拉底[28]基于教育的理由反对写作实践。苏格拉底曾经批

---

① 在《完美城邦中的喜剧:〈王制〉中的动物喻象》("Comedy in Callipolis: Aninial Imagery in the Republic",载 *American Political Science Review*,第72卷,第3辑[1978年],页888 - 901,此后随文注出)一文中,作者萨克森豪斯(Arlene W. Saxenhouse)指出,在《王制》第五卷前35个斯提法诺斯页码中,"*geloios*[可笑的]这个词以各种形式至少出现了20次"(895n20)。

② 参见《前苏格拉底哲学辅读》(*Ancilla to the Pre - Socratic Philosophers*),Kathleen Freeman 译(Cambridge, Mass. : Harvard University Press,1977),页47、127 - 129;此后随文注出。

评道,写下来的文字在受到质疑时总是保持沉默,在保护自己免遭误读时又不能保持沉默(《斐德若》,275d – e)。但是,柏拉图决定写作意味着,在他看来,对话形式能够捕获生动交谈中所包含的教育优势。

大多数哲学作品都是作者为了论证某些命题,用自己的声音写就的论文;对话体则是以戏剧形式向我们展示各个角色参与到哲学论辩中的言辞与行为。柏拉图从未在对话中直接向读者说话,因而从未直接告诉我们他的想法,或者我们应当怎么想。因此对话将阐释的责任交给了读者,如果想要在对话角色相互竞争的立场中进行智识上的甄别,必须积极地拷问文本。在这些启发性的、开放性的人物性格中,柏拉图模仿了苏格拉底的对话风格,并且赞许苏格拉底的原则——教师需要指导学习者承担起自我教育的任务。(参《泰阿泰德》,149a – 151d)

由于对话将人类生活的具体处境与哲学论说连接起来,就要求它的读者不但要具备逻辑的敏锐,更需要诗性的敏感。柏拉图的著作并不是从对话文本中抽象出来的哲学论证,而是在有血有肉的人类个性中具化出丰富的文义。因而,柏拉图要求读者聚焦于日常生活经验中出现的哲学论辩,以此反复提醒读者,哲学诞生于个性化的人类欲求与关注,哲学论证的意义不能与作为一种生活方式的哲学思考割裂开来。正如我们所看到的,柏拉图在《王制》中对诗歌的使用也被用来强调这些教益。①

---

① 就对话录文体形式颇具价值的讨论,参见克莱因(Jacob Klein),《柏拉图〈美诺〉疏证》(*A Commentary on Plato's "Meno"*, Chapel Hill: University of North Carolina Press, 1965),页3 – 31(此后随文注出);海兰德(Drew A. Hyland),《柏拉图为何采用对话体》("Why Plato Wrote Dialogues"),载 *Philosophy and Rhetoric* 1(1968):页38 – 50;以及格里兹沃德(Charles L. Griswold, Jr.),《柏拉图的元哲学:柏拉图为何采用对话体》("Plato's Metaphilosophy: Why Plato Wrote Dialogues"),载《柏拉图式的写作,柏拉图式的阅读》(*Platonic Writings, Platonic Readings*),Charles L. Griswold, Jr. 编(New York: Routledge, 1988),页143 – 167(此后随文注出)。[译按]克莱因著作中译参见郭振华译,《柏拉图〈美诺〉疏证》,华夏出版社,2011。

《王制》中的悲剧与喜剧:重思纳斯鲍姆

[28]柏拉图对话录在戏剧形式上联系着古希腊悲剧。苏格拉底作为柏拉图哲学戏剧中最常见的主角,总会遇到满怀自信的对手,并最终向他们显示,若予以密切的拷问,他们自以为圆融、通达的意见根本上是缺乏内在连贯性的。与之相似,悲剧角色也总是站在对立两极,并通过一系列事件发现一个可悲的事实,即他们对自身和世界的传统或习俗的假定无法带领他们克服人类经验的复杂性和不确定性。古希腊悲剧不断揭露出存在于人类自我理解中心的含混与矛盾,因而本质上就是哲学,就是苏格拉底的哲学。[①]

我们要在文学背景下读解柏拉图的对话,而文学背景包含的不只是悲剧。纳斯鲍姆指出:"柏拉图认为自己受到的影响……至少来自六种不同类型的文学样式:史诗、抒情诗、悲剧、喜剧、散文体的科学或历史文论,以及演讲辞。"(Nussbaum,页123)但是,在对《王制》的处理中,她既没有关注戏剧,也没有关注史诗。她对这些问题的沉默非常明显,因为苏格拉底强调他的论证(arguments)

---

① 采特林(Froma Zeitlin)称:古希腊悲剧"是认识论上最高形式的文学样式,反复要求我们回答'我们知道什么'、'我们何以知道自己知道'的问题"(《扮演他者:古希腊戏剧中的剧场、剧场艺术与女性》["Playing the Other: Theater, Theatricality, and the Feminine in Greek Drama"],载《与狄俄尼索斯无关?》(*Nothing to Do with Dionysus?*),John J. Winkler 与 Froma I. Zeitlin 编[Princeton: Princeton University Press, 1990],页78)。类似的悲剧研究也见于韦尔南,《古希腊悲剧中的紧张与含混》("Tensions and Ambiguities in Greek Tragedy"),载 Jean - Dierre Vernant 与 Pierre Vidal - Naquet 编,《古希腊神话与悲剧》(*Myth and Tragedy in Ancient Greece*),Janet Lloyd 译(New York: Zone Books, 1988),页29 - 48;此后随文注出。

中具有明确的喜剧成分，仅仅是为了表现他在严肃地对待来自喜剧作家中那位最伟大人物的指责——这些指责与纳斯鲍姆的批评非常类似。

尽管阿里斯托芬批评了苏格拉底，但柏拉图明显与喜剧诗人同气相求。据说，他曾为阿里斯托芬之死写下这样的诗句："正是优雅，在寻求永不堕失的神圣根砥时，发现了阿里斯托芬的灵魂。"①假设这样优美的遣词真的存在，那么将《王制》视为对《云》在某种层面上一种睿智且恭敬的回应，就不会让人感到意外。二者在结构上的某些相似也能支持这一解释。在这两部作品中，苏格拉底都"下来"[29]（从篮子里下到地面，从雅典下到佩雷欧斯港）要去"激发"非哲人进入到哲学的"奥义"之中。而且，二者都聚焦于正义与不义的斗争（在《云》中化身成逻辑甲与逻辑乙两个角色，在《王制》中则由苏格拉底与忒拉绪马霍斯、格劳孔的组合分别代表）。苏格拉底在第五卷中似乎影射了阿里斯托芬的《公民大会妇女》（Assemblywomen，公元前 392 年）所提出的一个经久不衰的政治难题，正如完美城邦所揭示出来的那样，通过激进的手段维持男人和女人之间的关系。此外，在字面上，苏格拉底下到佩雷欧斯港，在言辞中，比喻性地上升到完美城邦，这都在阿里斯托芬的两部戏剧中有所预演：《蛙》（Frogs，公元前 405 年）和《鸟》（Birds，公元前 414 年），前者描述了狄俄尼索斯下到冥界，懂得了诗歌对政治的重要性，后者描写了两个雅典人，逃离了雅典的艰苦生活，建造了天上的理想城邦：云上子规国（Cloud Cuckooland）。不止一位作家，注意到上述戏剧之间的相似性，并且由此认定柏拉图想要间接地强调那个被苏格拉底反讽地命名为"高贵与美好"的城邦实际

---

① 奥林匹欧多罗斯（Olympiodorus），《柏拉图〈阿尔喀比亚德前篇〉评注》（Commentary on the "First Alcibiades" of Plato），L. G. Westerink 译（Amsterdam：North - Holland Publishing，1956），2.71 – 72。

上是丑陋、荒唐的。①

和波普尔一样,纳斯鲍姆没有领会苏格拉底的反讽:她过于严肃地对待了苏格拉底的部分论证,这就使苏格拉底比起阿里斯托芬喜剧中的荒诞样子并不逊色多少。这一失误特别重要,因为纳斯鲍姆和阿里斯托芬都认为,苏格拉底在力图超越单纯人性的时候变得缺乏人性了,而且柏拉图在写作《王制》时早已熟知阿里斯托芬的控诉,进而,正是在苏格拉底以其论证最大限度地冒犯人类事务的时候,最为频繁地暗暗援引阿里斯托芬,也最为着力地强调了笑的地位,特别是在第五卷中引入种种手段,比如减少婚姻和家庭、像豢养动物一样把人类圈养起来,从而在构成美、情感和魅力的那些神圣而优雅的要素当中,将人的性欲清洗出去(Saxenhouse,页897、899)。因此,柏拉图的苏格拉底承认,在构建完美城邦的过程中,他表现得像是阿里斯托芬的苏格拉底,用不敬与不义的言辞有效地将人削减成了兽。如此一来,苏格拉底反讽地破坏了、背离了[30]此前自己所进行的论证之中某些最为核心的要素。

纳斯鲍姆对柏拉图的理解中还有一点需要注意。和大多数柏拉图研究者一样,纳斯鲍姆假设,我们大体知道这些对话的写作顺序,而这对理解柏拉图的思想来说至关重要。但是,近来有证据表明,这些得到广泛认同的假设基础并不牢靠,而且提出假设的方式也很成问题。来自古代的证据显示,柏拉图并不将他的对话录视为某种基本成熟的哲学立场的渐次展开,而是将之视为一种由诸多戏剧机制和主题设置所

---

① 萨克森豪斯(页890-891)尤其强调了《王制》与《鸟》的关系。对《王制》第五卷和《公民大会妇女》之关系的论述,参见布鲁姆(Allan Bloom),1968,467-468注释5,以及《阿里斯托芬与柏拉图:答霍尔先生》("Aristophanes and Plato: A Response to Hall"),载布鲁姆,《巨人与侏儒》(*Giants and Dwarfs*, New York: Simon & Schuster, 1990),页162-176。《王制》作为柏拉图对阿里斯托芬《云》的回应,详细讨论参见尼柯尔斯(Mary P. Nichols),《苏格拉底与政治共同体:一场古老的辩论》(*Socrates and the Political Community: An Ancient Debate*, Albany: State University of New York Press, 1987)。

维护的文学"天道"。①

参照、对比那些传统认为属于柏拉图哲学生涯"早期"或"晚期"的作品,会大大裨益我们思考《王制》的特征。在认为成书有其先后顺序的正统观点看来,这个方法简直无可容忍。但是,鉴于这个观点本身就难以成立,所以如果我们发现《王制》较之被纳斯鲍姆推定为晚期作品的《斐德若》更具包容性,就不应对此感到惊讶(Nussbaum,页228)。

史诗:柏拉图对荷马的汲取

柏拉图在《王制》中对荷马诗歌意象(imagery)的使用,其重要性不亚于以对话体回应阿里斯托芬和悲剧作家。西格尔(Charles Segal)曾撰文探讨荷马神话与《王制》的关联,试图揭示柏拉图广泛使用诗歌语言的理由。② 西格尔指出,柏拉图在《王制》中分享了荷马的宗旨,在"一个宏大的、统一的现实视野"中综合性地把握人类的处境。为了做到这一点,柏拉图像荷马一样,必得使用"自古代神话传统中结晶而出的模式"(Segal 1978,页316)。为了支持这一主张,西格尔观察到神话是"灵魂历险的语言",是"灵魂之爱的教育者",[31]是"人类本性中黑暗地带与相较理性的地带之间的一座桥梁"。因此,柏拉图的"重新教育人类灵魂的宏伟事业"引领他去承担起一项任务——从基础上改造诗歌传统,"(柏拉图)仍然需要神话的古

---

① 参见郝岚(Jacob Howland),《重读柏拉图:柏拉图系年法的难题》("Re‐reading Plato:The Problem of Platonic Chronology"),载 *Phoenix*,第45卷,第3辑(1991):页189–214。

② 西格尔,《"神话得救了":对柏拉图〈理想国〉中荷马与神话问题的思考》("'The Myth Was Saved':Reflections on Homer and the Mythology of Plaro's Republic"),载 *Hermes*,第106卷,第2辑(1978):页315–336;此后随文注出。

旧原型,因为或许只有通过神话和神话形象(images)才能使灵魂最终得到理解"(Segal 1978,页329以下)。①

或许最为重要的是,柏拉图在史诗英雄的模型之后塑造了哲人的形象,面对"危机、冲突和悲剧抉择",并且"孤身奋勇"为寻求"人类生命在面对死亡时的意义"(Segal 1978,页320 - 321、322)。西格尔观察到,在《王制》中柏拉图使用了古代神话的原型,去开拓自我和灵魂"走向完美的内在旅程",这就与荷马对奥德赛归家之旅的描述采取了同样的原型(Segal 1978,页329以下)。但是柏拉图对荷马的吸纳保持了苏格拉底式的开放:"这种新的、哲人的'史诗'要去进行探索,而非进行汇编或模仿;它需要史诗的肃穆和英雄的形象,但并不固守完美而封闭的传统史诗定局。"(Segal 1978,页325)

柏拉图的哲学诗

柏拉图的对话录不是单纯的悲剧、喜剧或史诗,所以能够善加利用这些文类的优点。因而,尽管《王制》为了描写对智慧的追寻而援

---

① 比较纳斯鲍姆的观点,她认为《王制》的神话"对哲学论证而言并无必要;它们只是跟在哲学之后,用以加强哲学的论证"(Nussbaum,页131)。本章已提及某些针对纳斯鲍姆的研究进路所提出的批评,更多请见罗西尼克(David L. Roochnik),《悲剧的哲人:对纳斯鲍姆的一个批评》("The Tragic Philosopher: A Critique of Martha Nussbaum"),载 Ancient Philosophy,第8卷(1988年秋季号):页285 - 295,以及格里斯沃德为《善的脆弱性》所写的书评,载 The American Scholar,第57卷,第2辑(1988),页314 - 320。另外还可参考郝岚,《作为对话的哲学:格里斯沃德论柏拉图〈斐德若〉中的自我认识》("Philosophy as Dialogue: Charles L. Griswold, Jr.'s Self - Knowledge in Plato's 'Phaedrus'"),载 Reason Papers,第17卷(1992),页113 - 134,文中进一步讨论了阿里斯托芬与柏拉图的关系,以及柏拉图著述年表的传统假定中所暗含的解释意义。

用了荷马史诗的神话结构,同时也吸收了悲剧和喜剧的感受力。结果是创造出一种极为特别的哲学戏剧,融合了史诗的综合性和神话的玄奥、悲剧中反教条的开放性与悖谬感,以及喜剧的超然反讽与批判的自我意识。在柏拉图的《会饮》中,苏格拉底称,一个作家需要既能写得了悲剧,也能写得了喜剧。在同一部对话中,阿尔喀比亚德将苏格拉底比作是写撒提尔剧的西勒诺斯(Silenus)和马尔苏亚(Marsyas,《会饮》,215a 以下)。撒提尔剧兼用悲剧和喜剧手法表现史诗主题。那么,在所有文类当中,柏拉图的对话最接近的或许是撒提尔剧。

五　哲学的旅程

与大多数哲学经典不同,《王制》是一部文学巨著。因此,如果不看到其叙事、喜剧和神话等要素彼此强化,从而构成并发展了这部著作的基本命题,我们就无法完全理解《王制》。

《王制》特别突出了哲学回忆和哲学 ēros[爱欲]的主题。最终,这些主题又联系着贯穿对话始终的上升与下降的戏剧主旨。柏拉图对这一主旨的使用意味着,苏格拉底在这部以哲学戏剧形式表现出来的哲学史诗中,被刻画成了主角——同时也是叙事者、某种意义上的作者。尤其是,这部对话还将奥德赛的还乡之旅编织进来,为其哲学行动构造了一套神话的旁白。[①] 为了恰切地评价荷马对《王制》的影响,我们应当记起,亚里士多德认为《奥德赛》从结构及其所带来的独特阅读体验上看,实为喜剧之典型(而非悲剧)。[②] 与之相似地,除了需要注意《王制》在结构上模仿了狄俄尼索斯入教密仪所包含的源始性悲剧主题,我们也应发现,柏拉图对阿里斯托芬的戏仿一定程度上将苏格拉底的哲学活动暴露在旁人

[①] 学界目前已经开始注意这一点了,如普兰宁克(Zdravko Planinc),《柏拉图的政治哲学:〈理想国〉与〈法义〉中的审慎》(*Plato's Political Philosophy: Prudence in the "Republic" and the "Laws"*, Columbia: University of Missouri Press, 1991);此后随文注出。

[②] 亚里士多德,《诗学》(*Poetics*), W. H. Fyfe 译,收于 Loeb Classical Library, Cambridge, Mass.: Harvard University Press, 1932, 1453a30 – 37。[译按]中译参见罗念生译:《诗学》,上海人民出版社,2006。

的揶揄当中。①

[33] 第二卷中,苏格拉底告诉阿德曼托斯:"每一项工程的最重要的部分是开头。"(377a)柏拉图在自己的写作中也遵循了这一标准,因为这部对话就是以这样一种方式开始的,从而提醒我们注意其整体结构。因此,我们需要通过检审此种开头的方式来展开阅读。按照这种方式,《王制》的起首段落深深嵌入并预先展示出作品当中相互关联的结构之维度——叙事、论证、戏剧和神话的维度。

叙事、论证与戏剧

回忆与哲学理解

对话发生后第二天,苏格拉底向某位并无特定身份的听众叙述了整个过程。我们的确无法直接看到对话发生的场景,因为我们读到的是一场回忆出来的对话,经过了苏格拉底的注解与编辑;他偶尔会流露出一些个人想法,而且在某些地方选择对某些话题和行为加以概述,而不是巨细无遗地讲述全部过程。

因而,《王制》的叙事结构强调了苏格拉底通过回忆对先前经验的挪用,同时也要求我们注意他如何一步步将这一素材刻画为一个具有统一形式的故事。换言之,苏格拉底的回忆既不是被动的,也不是零碎的;它主动要去把握这一经验的内在连贯性。在《王制》中,叙事是苏格拉底用以阐述哲学理解(philosophical understanding)的方式。苏格拉底逐字逐句进行回忆,为我们保存下整场对话,这一行为本身就预示了"回忆"在较为宽泛意义上成为哲学的主题。

---

① 有关狄俄尼索斯入教秘仪的源始性悲剧主题,参见塞弗德(Richard Seaford),《狄俄尼索斯的戏剧与狄俄尼索斯秘仪》("Dionysiac Drama and the Dionysiac Mysteries"),*Classical Quarterly*,第31卷,第2辑(1981):页252–275。

在《王制》的结尾处(621b - d),苏格拉底回溯性地将人类拯救关联到了哲学回忆的力量上。特别是,他鼓励朋友们记起方才讲过的厄尔神话所传达的教导,这个神话描绘了灵魂对知识的哲学探索,以及作为对遗忘的一场战斗的最好生活。因而,这部对话最终得出的这一教导,一边指向苏格拉底和同伴们整个晚上[34]对自我知识的探索,一边指向他对这场对话的忠实回忆。对话的叙事结构强调了这一点,因为《王制》虽以间接陈述开头,却是以直接陈述结尾。这就使读者忘记了是苏格拉底叙述了整场对话。似乎是被回忆的力量所"拯救"(正如厄尔神话对人死后生活的描述)的那个过去,因此演绎成全然的现在。① 形式与内容协调一律;《王制》成为一种范式,统合了各种意义上的"回忆",从而以戏剧的方式展示了苏格拉底的教诲。

《王制》的叙事结构暗示了这部对话或许为读者提供了一条自我认识的路线。就此而言,读者能够回溯性地将《王制》视为或"回忆"成一个整体,并且在其哲学整体性中加以把握。怎样才能对《王制》进行一种"理想的"阅读——将对话把握为一个整体? 要回答这个问题,首先就得注意到,苏格拉底以丰富的细节描述来回忆并叙述了这桩夜间事件,并且绝不限于仅仅重复那些论辩在整个对话过程中层层推进的过程。苏格拉底的叙事程式意味着,要想理解《王制》就必须在戏剧和显白的论辩当中穿梭往复。正如见之于一般意义上的人类生活,logos[言辞]的意义只有在其与 ergon[行动]的关系当中才能完全显现出来。那么,《王制》的 ergon 是什么,或者,它的成就是什么?

对话的标题告诉我们,这是一次对政治共同体之本性的探究。那么,由什么来保证这项研究的前置假设是正当的——也即,如何保证《王制》的首要目标就是去阐明哲学的起源、本性和价值? 本章提供了

---

① 罗森斯塔克(Bruce Rosenstock),《重读〈王制〉》("Rereading the Republic"),载 *Arethusa*,第 16 卷,第 1、2 辑(1983):页 226;此后随文注出。

对此问题的预先回应,至少提供了两个重要的支持:(1)建构完美城邦——一个可以被描述为封闭的、长于控制的政体——产生在一个并无计划的开放性对话当中;(2)哲学的生活方式在苏格拉底的言谈中得到了具化,也得到了维护,这种生活与完美城邦中的生活极为不同,甚至与哲人王的生活也大相径庭。《王制》中 logos 与 ergon 的紧张意味着,它从哲学和政治当中得来的教益并不限于[35]苏格拉底对完美城邦的论证,也来自对苏格拉底主持的话语共同体与哲人王统辖的神话共同体之关系的思考。

对话的论证结构——哲学探究的形式与内容——在其戏剧结构中活泼展开,戏剧结构的要素包括《王制》的场景设置、角色,以及角色的行动。当然,说话和保持沉默也都是重要的行动。基于这一理由,也许最好将《王制》仅仅描述为一部哲学戏剧。而所谓哲学戏剧,就是在会话中意图捕捉论证与戏剧的同一性。

ēros 与哲学的起源

哲学如何得以开启?围绕苏格拉底的哲学话语共同体如何形成,以及是什么将之维持了一整夜?① 《王制》的开篇场景(327a – 328b)构成了这场对话的序言,通过凸显苏格拉底的哲学欲望(desire)与同伴们的流俗品味(appetites)之间的初始冲突,提出了前述第二个问题。而且,这篇序言将这一冲突与一个更大的问题关联起来:哲人和政治共同体的关系。由此,这一情节设置出一个敌对性的初始场景,而哲学讨论就在其中逐渐浮现出来。

对话发生那天,佩雷欧斯新设立了一项宗教仪式,向色雷斯人(蛮族)的女神本荻丝(Bendis)献祭(354a)。作为雅典的港口,佩雷欧斯是一个商业中心,聚居着很多外邦商人,也是各种各样外来影响的接入点。就此而言,佩雷欧斯与言辞中的正义城邦没有任何相似性,因为后者的卫士必须克尽谨慎防止一切变革,以使他们的政治传统免遭腐蚀

---

① 考虑到《王制》的长度,以及苏格拉底没有转述某些对话的事实(如342c – d 与 350c – d),这场对话一定是通宵达旦的。

(424b)。但是,雅典的开放反倒更适合苏格拉底。苏格拉底告诉我们,他和格劳孔从雅典步行到佩雷欧斯,向女神(或许就是本荻丝)献祭,也是为了观看新的宗教庆典。献祭、观礼之后,他们准备返回雅典(327a)。

[36]《王制》开头寥寥数笔便勾勒出这位哲人的个性。动词"去观看"(to observe)的古希腊文是 theasthai,字面义是"以一种好奇心去把握"(参见《泰阿泰德》155d)。theōrein 译为"观看"、"看,特指用心地看、去沉思"。苏格拉底被他的好奇心吸引着,去沉思一个新的宗教节日。进而,苏格拉底的沉思或"理论思考"在任何直接的意义上都不囿于爱国主义:他坚称色雷斯的游行队伍毫不逊于雅典人(327a)。哲人的这一判断明显高于良好公民的爱国主义视野,并因此隐含了革命性。

对话始于偶然。苏格拉底明确表示自己无意在佩雷欧斯逗留。他和格劳孔本来当晚就要返回家中,然而在往雅典走的时候却撞见了一伙年轻人,其中就包括珀勒马科斯和格劳孔的哥哥阿德曼托斯。珀勒马科斯——这个名字的意思是"战争领导者"——霸道地命令苏格拉底和格劳孔等着,并且开玩笑说,除非他们留下来一起吃晚饭,否则他和朋友们就会使用暴力把他们扣在佩雷欧斯(327c)。此外,阿德曼托斯也提出,这里将要举行一场火炬接力赛马和通宵的庆典。珀勒马科斯又附和道,他们还会和更多年轻人聚在一起聊天。苏格拉底被这场新奇的赛马吸引了,格劳孔毕竟也想留下来参加一场更大的聚会,因此断然宣布他和苏格拉底必须留下来。"既如此,"苏格拉底让步了,"我们就该这么做。"目前尚不清楚苏格拉底为什么向他的同伴们妥协了。不管怎样,这群人之后回到了珀勒马科斯的家中,也就是对话开始的地方(328b)。

短语"既如此"(if it is so resolved)多用于雅典公民大会上签署法律的通过。更为重要的是,在阿里斯托芬《云》的开头,失眠症患者斯瑞西阿德斯也使用了这个短语,回应熟睡中的家人的鼾声。这个玩笑的意思是,人类说话时,就像睡觉的人放屁、打呼噜(《云》,11)。换言之,言语[37]根本上是不可交流的,因为它纯粹是自利的;可以说它仅仅是一种缓解方式,用来疏导源于我们个人身体欲望所造成的压力。《王制》中的这一段因而多少有些含糊其辞。表面上,似乎暗示苏格拉底和同伴们形成了一个微型的政治共同体,就像其他政治共同体一样,它的联合起源于日常的需要和欲望(于此,是年轻人对口腹之欲、新奇的娱乐和另一种社会生活的期求),并且最初是由强力所维系的(由珀勒马科斯和格劳孔这对血气十足的年轻人表现出来的开头场景)。在更深层的意义上,柏拉图对《云》的引用挑战了将这种(或是任何一种)联合当作共同体的主张,因为真正的共同体(相对于一群人的简单聚集)要求 logos——理性的言辞——能够通过自身的力量将人们约束在一起,进而明确地表达出共同的(普遍的)善。因此,《王制》设定了一种展示的责任,展示出言辞远不是人在睡梦中此起彼伏的鼾声,不是含糊不清、天然有害的噪音,因为它本身有能力去超越言说者的个体私欲,指向某种或许值得由更多人分享的标准。

斯瑞西阿德斯在《云》中的笑话预示了苏格拉底对非正义的态度。《王制》因此也必须回应阿里斯托芬的指控——哲学不见容于(甚至会毁坏)那些维持 polis 稳定的传统习俗和信仰。在这一关联中关键是要观察到,《王制》的序言首先使我们认识到哲学疑问与政治无法相容,之后引发了不同个体在同一政治共同体当中如何相处的难题。换言之,我们在《王制》中得到的第一个政治观点,根源在于哲人的生活方式与大多数非哲人的生活方式之间相互形成的挑战。

在论证完美城邦的时候会遇到这一挑战,而《王制》也对之进行了戏剧式的探索。如前所述,这两条路径相互冲突。维护完美城邦,依靠的是军事力量和聪明的谎言,而非 logos 的团结力量。与之不同,在对话中实现一个真正的话语共同体,[38]是基于成员内部逐渐生长出一种能得共享的哲学 ēros。在认识《王制》当中这种论证与情节之张力的过程中,我们也就开始面对内在于 ēros 的深度困难了。

ēros 原本指性欲;在较为宽泛的意义上,也指其他激情的欲望。正如人类的性欲,其实包含的也不只是肉欲(lust),因而 ēros 常常被翻译为"爱",ēros 因其独特的人类形式超越了纯粹的欲望。ēros 是人类存在的规定性:它并不是存在于灵魂或身体某部分当中的一种特定的、个别的欲求(比如饥渴),而是灵魂与身体在整体上的一种神秘渴望,因为无论它是什么,都将给我们带来全身心的满足。最好的意义上,ēros 是一位温柔的教师;最糟的状况下,ēros 是一个野兽般的奴隶主和僭主。在《会饮》中(201d – 212c),苏格拉底强调了 ēros 前一个方面,并且为性欲——最原初的欲望和人类渴望肉身不朽的初始表达——变形成为哲学的 ēros 提供了解释。在《王制》中,苏格拉底承认 ēros 的含混性,他既谈到僭主的灵魂,也谈到哲人的灵魂。于是,在强调正义的城邦必须包含并控制 ēros 的同时,他也在对话中唤起参与者的 ēros,并且试图将之引上哲学的方向。①

《王制》的情节梗概将会帮助我们认识到,ēros 的难题紧紧勾连着对话中论证与戏剧的关系。

《王制》概览

对话发生在珀勒马科斯家中。在场者既有雅典本地人(苏格拉底、柏拉图的哥哥格劳孔和阿德曼托斯、尼克拉托斯、卡尔曼提德斯和克莱托普丰),也有外邦人(移民克法洛斯和他的儿子珀勒马科斯、吕西阿斯,欧绪德谟,智术师忒拉绪马霍斯)。上了年纪的克法洛斯曾经在他最美好的时光里努力满足各种各样的欲望,就像是"许多疯子般的主人"的奴隶(329d),所以这个角色就是对僭主的 ēros 的衰朽结果的形象化。但是,克法洛斯对他的青年时光并不感到后悔,尽管他害怕自己的欲望会招致[39]对不义行为的惩罚。不义和爱欲的满足因此在对话开端就联系在一起。而且,克法洛斯将僭主式 ēros 的满足视为一种幸福,这个观点随后得到了忒拉绪马霍斯和格劳孔的支持,而且他们试图从那种令克法洛斯感到忧惧的恐怖中,将

---

① 有关 ēros 的数学和诗学变化,以及《会饮》和《王制》的关系,参见罗森(Stanley Rosen),《爱若斯在柏拉图〈王制〉中的位置》("The Role of Eros in Plato's *Republic*"),载 *Review of Metaphysics*,第 18 卷(1965):页 452 – 475。

不义的生活解脱(liberate)出来。《王制》由此迅速建立了基本的戏剧架构:面对蓬勃的爱欲解放(liberty)所带来的种种诱惑,苏格拉底必须为哲学和正义进行辩护。

第一卷中,苏格拉底遭遇了珀勒马科斯和忒拉绪马霍斯的挑战,二者的言辞显然绝不会驳倒、难住苏格拉底,但通过如此展示,表明了他们可以进行更为深入的哲学探求。在总结这些讨论时,苏格拉底告诉我们:"我以为就此摆脱了这个话题,但回头一看,这似乎不过是个开场白。"(357a)继续发起挑战的是柏拉图的两个兄弟,他们对忒拉绪马霍斯的观点加以完善,补充论证了不义是无懈可击的,苏格拉底则须就此为正义辩护。苏格拉底的同伴们这时似乎已经忘记了火炬接力赛马和节日庆典,忘记了晚饭,甚至也将忘记睡眠。通过这场关于爱欲满足的漫谈,苏格拉底允许哲学的欲望从前哲学的 ēros 中生长出来。同伴们蓬勃的血气维系着他们的 ēros,而正是他们的 ēros 将对话推向纵深,并且含纳了那些最初使他们走到一起的所有激情。

为了回应格劳孔和阿德曼托斯的挑战,苏格拉底在第二卷着手要去发现一个言辞中的正义城邦:也许只有在这样一个城邦当中,才能明确什么是正义,同时也显露出灵魂的正义本性。苏格拉底随后关注了正义政体的卫士教育问题。教育的目的是将可能导致不正义的欲望践行模式(以及机会)最小化。这一教育既包括一种既有的诗教(poeticoreligious)传统的极端版本,也包括一种为了培育良好公民而像喂养、训练动物一样的严格的生活规则。

苏格拉底观察到,在教育卫士们的过程中,他和他的同伴们表现得"像是神话中被神化的那些人"(376d)。这标志了苏格拉底作为戏剧角色在对话中的作用,以及言辞城邦的神话[40]特性。之后,苏格拉底以新神话取代了赫西俄德和荷马的旧神话,以适应正义个人的产生。人类敬仰、模仿他们的神,但苏格拉底并不认为奥林匹亚诸神(至少是诗人所描绘的)值得人类去效仿。不像奥林匹亚诸神,苏格拉底的新神并不互相攻击,也不撒谎,绝不会被笑声颠覆,永不改换外形,并且对人类意味着一切善好事物、而非恶劣事物的起因(377e - 389a)。简言之,第二、三卷中这些不变化的新神非常贴近

"理念"(the Ideas),苏格拉底在第五卷中引入的哲人的真"神"。①

正如理念不是某种生物,苏格拉底的新神也完全没有 ēros,因此是人类节制(moderation)的典范。然而,苏格拉底对教育的解释与 ēros 并不一致:正义要求克制欲望,而苏格拉底承认教育包括以内在的大美唤醒、引诱 ēros:"音乐教育的目的在于培养对美与高贵的欲求(ērotika)。"(403c)

当苏格拉底在第三卷末抵达了一个舒适的驻足点时,阿德曼托斯抗议道,言辞城邦不会使它的公民感到幸福,而且阿德曼托斯和他的朋友们,作为年轻人,尤为关心什么才是最幸福的生活。苏格拉底因此不得不在第四卷,为他已经建构起来的城邦进行辩护。这个城邦因而就是为阿德曼托斯建造的(427c)。他的辩护立足于宣称这一城邦有如灵魂被分成"计算的"(logismos)、"血气的"(thumos)、"欲望的"(epithumia)三部分,各部分及其所构成的整体对应着智慧、勇气、节制和正义的美德,而这些美德都能在一个秩序良好的城邦中和一个秩序良好的灵魂当中被发现。如此,苏格拉底就将 ēros 限制为三位一体之灵魂与城邦的欲望(epithumetic)要素(439d),也就意味着 ēros 仅仅是诸多欲望中的一种。但是我们还不能立即接受第四卷中的任何部分论证,因为苏格拉底暗示,对话目前仍然被智识的黑暗笼罩着(427d,432d)。

[41]在第四卷的结尾,苏格拉底有意直接推进到对城邦衰败的讨论。但是话题再一次被打断了,这次是珀勒马科斯。珀勒马科斯带头指责苏格拉底欺骗他们,说他从论证中抽掉了一个部分:他们想要听到更多关于妇女、儿童应由正义政体全体公民共同所有的阐述。由于涉及性的话题,苏格拉底的激进主张自然会在这群男青年之中引发兴趣。不情愿地,而且忧心忡忡地(450a 以下),苏格拉底开始离题发挥,从第五卷到第七卷,包括了用以解释理念、善和哲学教育之本性的日喻、线喻和洞喻。

---

① 在柏拉图的《游叙弗伦》中,苏格拉底热衷于对神话传统进行类似的变造(见《游叙弗伦》,6a 及 6d - e)。

最初,苏格拉底讨论正义政体的时候,似乎有意忽略性与哲学统治的问题。必须强调,阿德曼托斯城邦中没有哲学:它被卫士统治,而卫士所得到的训练要求他们亲近那些政治上有益的"教条"(dogmata:414b;参412e,413c)。苏格拉底在接近哲学问题时之所以犹豫,部分是因为ēros本身的紧张与模糊,尤其呈现在正义和政治共同体与批判性的哲学思想之间的明显冲突当中。哲人的爱欲天性(475c以下,485b-e)很难调和于将ēros作为不义与僭主奴役之源的攻讦,而阿德曼托斯城邦和苏格拉底名之以"完美城邦"且得到了格劳孔认可的那个哲学政体都在教育上奉行教条主义,同样也与哲人的爱欲难以调和(527c)。但是,伙伴们相互冲突的ēros,混合着强烈的欲望、对性和哲学的渴望,迫使苏格拉底尝试做出这样的调和。

直到第八卷,苏格拉底才返回了他曾试图在第四卷之后探讨的主题:正义政制不可避免地走向衰败。这一朽坏尤其来自要以数学般精准的技艺规制ēros的最终失败。苏格拉底借缪斯之口,对所谓"婚数"(546a-547a)进行了异常复杂的解释,"她们以悲剧的形式对我们说话,似乎是非常严肃,却是像对待小孩子一样来捉弄、戏谑我们"(545e)。这一解释意味着,[42]作为政治蓝图的完美城邦不会比阿里斯托芬的云上子规国少一些荒诞,而且若是过于严肃地对待它,就会成为柏拉图戏谑的对象。

结束了一个哲人政体的荒诞计划之后,苏格拉底在第八、九卷探讨了心理的和政治的力量的相互影响——政体的现实类型及其相应的灵魂类型借助这种影响彼此决定。这一讨论以苏格拉底所描述的僭主灵魂及其深重痛苦而告终,并且终结了格劳孔和忒拉绪马霍斯在对话开始处对僭主的颂扬。同时,苏格拉底在第八、九卷中刻画的衰败循环引出了这样一个结论:哲学是个人拯救的唯一途径。

第十卷,苏格拉底回到了诗歌、特别是悲剧的话题上,并将之关联到前述那些导致衰朽的力量上去。但是他开发出悲剧的哲学维度,通过一个故事,表现出人类责任与自我认识之间的悲剧性悖论,结束了《王制》的全部对话。厄尔神话是对哲学教育的最终辩护,也是用隐喻的手法表达,我们在尝试理解这一辩护的意义时可能遭遇到的深刻问题。

以上概述显示,《王制》不是一篇体系化的论文,能够从中得出完整、精致的结论,而是一场不断推进又时常被打断的对话,包含了很多离题和悖论性的结局。更为重要的是,在《王制》的叙事维度上不断展开的讨论,以及强调回忆的语境中,男青年们的 ēros 得到了解放,与阿德曼托斯城邦、完美城邦对 ēros 的限制和制度化的遗忘、欺骗形成了鲜明的对比。苏格拉底的年轻朋友们不断对他发起挑战,这场对话一再地结束,又似乎永不会结束——这一事实要求我们谨慎对待苏格拉底在这部作品的最后发言中包含的所有内容。我们也必须不断挑战苏格拉底的论证,它似乎在任何意义上都没有完结。①

神话:哲学在史诗中求索

哲学的上升与下降

只有看到《王制》叙事、论证、戏剧结构与其神话结构之间的联系,我们才能说这些结构是完全可见的、可理解的。《王制》的开篇一再促使读者注意这些结构维度之间的关联。我们来看对话的第一个词:katebēn("我下到")。佩雷欧斯位于雅典远郊,因此在字面意思上,可以说苏格拉底是要下抵佩雷欧斯,但同时也必须注意到其中的隐喻。不止一条线索显示,苏格拉底去往佩雷欧斯的旅程包含着更为深刻的寓意,应当被理解为一次去往地下世界的下降:

(1)诗歌传统中,冥界(Hades,死者之地)在水一方。荷马、赫西俄德都提到,冥界为海洋和冥河所围绕;在苏格拉底的厄尔神话中,跨过忘川,走进无忧谷,就来到死者的土地。再看佩雷欧斯,字面义为"土地的那边",或特指在河流那边的土地,而恰有一条河将佩雷欧斯与阿

---

① 克莱(Diskin Clay)强调了这一未完成性,见《读〈王制〉》("Reading the *Republic*"),载《柏拉图式的写作,柏拉图式的阅读》,前揭,页 19 – 33。

提卡的其他地区互相隔离开来。①

（2）本荻丝是来自地下世界的神祇。对话中佩雷欧斯为荣耀她而举行的火炬接力赛和通宵祷告仪式,"表现了生命在阳光下得以延续,以及当这生命下降到永恒的黑夜王国之后,仍可期待阳光的再度灌沐"(Rosenstock,页220 - 221)。

（3）《王制》的角色安排和剧情设定使整部对话,在死亡与暴力的问题上,发出了厚重的低音。对话伊始,焦点乃是克法洛斯,苏格拉底称他"上了年纪",说他正处在"老年的门槛",而这也意味着死亡的门槛(328c - e)。有古代文献指出,克法洛斯其实早在《王制》对话发生前20年就已谢世。从而,死亡的暴力将其余的在场者全部笼罩在其阴影之下。公元前404年,雅典在伯罗奔半岛战争中失利,三十僭主开始统治,处决了珀勒马科斯和尼克拉托斯。之后,佩雷欧斯——[44]就在本荻丝神庙附近——爆发了一场旨在推翻三十僭主的激烈战斗,而这场战斗得到了吕西阿斯的协助。僭政时期的恶果之一是审判并处死了苏格拉底,而雅典人之所以怨恨他,多少因为三十僭主首脑克里提阿据说与之过从甚密。②

---

① 参见布兰(Eva Brann),《〈王制〉的音乐》("The Music of the *Republic*") 8 - 9,载《柏拉图〈理想国〉四论:圣约翰评论第39期》(*Four Essays on Plato's "Republic":Saint John's Review 39*),第1、2辑(1989—1990):页1 - 103;此后随文注出。

② 色诺芬,《回忆苏格拉底》,1.2.12以下,载《色诺芬集(第4卷):〈回忆苏格拉底〉〈家政〉〈会饮〉〈申辩〉》(*Xenophon, vol. 4, Memorabilia, Oeconomicus, Symposium, Apology*), E. . C. Marchant 与 O. J. Todd 译, Loeb Classical Library(Cambridge, Mass. :Harvard University Press,1923)。[译按]中译参见吴永泉译:《回忆苏格拉底》,商务印书馆,1984。关于克法洛斯的死亡时间,参见格斯里(W. K. C. Guthrie),《希腊哲学史》(*A History of Greek Philosophy*),第4卷(Cambridge:Cambridge University Press,1975),页437。关于珀勒马科斯和尼克拉托斯的死亡时间,参见吕西阿斯(Lysias),演说12、18,载《吕西阿斯》(*Lysias*), W. R. M. Lamb 编, Loeb Classical Library(Cambridge, Mass. :Harvard University Press,1930)。

(4)《王制》讲述的神话中,地下世界的上下来回是一个反复出现的主题。格劳孔在第二卷讲过这样一个故事:从前,有一个人下到大地上裂开的一条深渊里,从一个巨人的尸体上取下一枚指环(359c - 360d)。苏格拉底在第三卷解释道,言辞城邦的统治者将对其公民讲述一个高贵的谎言——他们都在大地之下被养育成人(414d - 415c)。第七卷,苏格拉底将人类经验与洞穴中的囚徒进行对比,并且将这洞穴——唯有哲人能够上升出去——比作冥界(514a - 517a)。最后,第十卷结尾的厄尔神话中,厄尔下到一个地方(苏格拉底认为是冥界)进行了一番观察,记住了所见所闻,之后上到活人的世界,将这些见闻叙述出来(614b - 621b)。厄尔的旅行以神话方式重述了苏格拉底的这段经历:下到佩雷欧斯,之后回到雅典,回忆了头天晚上发生的事情。在厄尔神话的结尾,他醒来发现自己躺在火葬堆上,天光已是拂晓。同样,我们可以想象,苏格拉底在讲完厄尔的故事时也是将近黎明。两个结局在对话中的清晨时分一齐落定,再加上本荻丝节和厄尔神话,共同加强了这样的暗示:《王制》的对话发生在冥界。

通过场景设定,我们或许可以判断:《王制》如同荷马史诗,在较为宽泛的意义上面对了死亡的问题(Segal 1978,页 322 - 323)。这里需要做出更深层次的观察:第一,《王制》的结尾许诺了重生与复活。苏格拉底所讲述的厄尔自冥间上升起来,应对照于太阳结束了横穿地下世界的旅程之后在黎明时升起——本荻丝节的火炬赛马和彻夜祷告就是在仪式上对这一旅程的模仿。第二,《王制》并没有将哲学探究表现为一种单向的进程。首先,苏格拉底开始了一个隐喻性的下降,使得他的年轻朋友们有可能在对话的全过程中完成了一次爱欲的、哲学的[45]上升。上升与下降的相互缠绕(尤其清楚地表现在《王制》的神话当中),也构建了哲学戏剧的整体运动。在第四卷结尾处,苏格拉底对格劳孔说,他们已经抵达了逻各斯或论证中的一个"观景点"(445c)。但是,在第五卷开头,苏格拉底认为自己和他的朋友们得努力走完一段容易让人摔倒的、危险的路,正像是试图爬出洞穴(450e - 451a)。逻各斯持续"上升",直到在第六、七卷中抵达善和哲人教育的话题,之后便再次"下降",在第八、九卷中落到了洞穴一般的政治共同体中。第十卷,这一穿梭往复的双重运动以神话的方式体现为厄尔在地下世界看到的两条道路:一条将正义的灵魂带上天空,另一条将不义的灵魂带下大地(614c)。最后,苏格拉底在对话结束之后、重述对话之前回到了雅典,而这与他下抵佩雷欧斯,也形成了一对平衡。

有如第一卷的情节,日喻、线喻和洞喻明确了我们前哲学的经验"向上"指向哲学。中心话题和主题最初看似处在一个"较低的"、非反思性的话语层次上,预示了它们随后将在一个"较高的"、更具综合性同时也更加抽象的层次上得到处理,而是否得到了充分"较高的"理解,取决于它是否有力量去启发那些我们在"较低的"层次上遭遇的前哲学经验。此外,我们也发现了对这篇对话的"水平"基准线的期待与重复:在前半部对话的上升中首先遭遇的各个层面的经验,将会在后半部对话的下降与重述中再一次被横贯。就此方面看来,《王制》有似于早期古希腊诗歌(如《伊利亚特》),"组织成一个环形结构:上半弧的主题会在下半弧再次出现,像是围绕着圆心相互映射一般"(Brann,页7)。

后面这个观察便可以解释早先提到的 logos 为何再次回到对话中来,或许也能解释苏格拉底为什么决定留在佩雷欧斯。高低两端都不能被极化,因为它们是[46]相互依存的:哲学度量着前哲学经验,同时也以前哲学经验度量着自身。本荻丝节非常贴切地凸显出"较高的"与"较低的"之间的哲学内在关联:太阳在地平线上升起又落下,这一回环往复的旅途似乎正可用来比喻哲学自身的运动。

哲学与秘仪

本荻丝节还有一个重要的方面:《王制》的戏剧和神话特征一定程度上也模仿了本荻丝秘仪的结构,特别是厄琉西斯(Eleusis,地名,位于雅典城东)的习俗,大多数雅典人都很熟悉。在厄琉西斯秘仪中,某些秘仪联系着大地与冥界的神祇德墨忒耳(Demeter),及其女儿科瑞(Kore,又名珀尔塞福涅,Persephone)。我们所谓的本荻丝是地下世界的女神。此外,本荻丝秘仪的结构表现了下抵冥界又返回人间的主题。厄琉西斯秘仪表现了德墨忒耳寻找被冥王哈德斯诱拐走的女儿科瑞的神话。正如厄尔的探险和《王制》的对话,这项秘仪要求参与者彻夜完成一项旅行。这场旅行开始时没有任何方向,参与者要加入一次新鲜而奇异的行动,聆听新鲜而奇异的言说,看到令人惊惧、荒诞不经的景象(对比588c – 589a、615d – 616a对僭主灵魂的描述);旅行在拂晓时分结束,在天光中返回。因而,秘仪象征了参与者仪式性的死亡与再生。秘仪团体的成员则被构想为福祉的一种特殊来源。①

考虑到上述这一平行结构,我们或许可以期望《王制》的戏剧关注了哲学的开端,或者让此前没有参与进来的人一同进入到哲学当中。② 我们也能发现,《王制》试图回应阿里斯托芬的讥刺,在《云》中将苏格拉底的教学法描绘成对宗教秘仪的颠倒(《云》,行140 – 143、254以下)。无论《云》怎样暗示苏格拉底的哲学毁坏了我们的宗教神圣感、败坏了人类共同体的情感纽带,《王制》中宗教仪式的[47]潜台词意味着,对哲学智慧的追寻或许可以将人类团结成一个友爱的共同体,这个友爱共同体本身是神圣的,同时也关注那些神圣的事物。

《王制》暗示,哲人需要有能力感觉到如何恰当地"开展"哲学活

---

① 对已知厄琉西斯秘仪的详尽解释,参见波克尔特(Walter Burkert),《人牲:古希腊祭礼与神话的人类学研究》(*Homo Necans*:*The Anthropology of Ancient Greek Sacrificial Ritual and Myth*), Peter Bing译(Berkeley:University of California Press,1983),页248 – 297。

② 有关柏拉图之前的哲学与宗教入教仪式的关系,尤见于帕默尼德(Parmenides)的诗歌,参见弗里曼(Freeman,页41 – 46)。柏拉图经常使用入教秘仪的喻象,表现灵魂向哲学的转向,参见《斐德若》(*Phaedrus*),244a以下;《斐多》(*Phaedo*),69c;《会饮》,210a以下,215c;以及《高尔吉亚》(*Gorgias*),493a – b,497c。

动。现在我们或许可以对此进行观察了,在古代诗歌传统的语境中,在《王制》对冥界的喻象(image)之中,在神话与哲学的上升与下降之中。

《王制》与《奥德赛》

在柏拉图的时代,探索地下世界的主题早已在地中海传奇文学中得到了充分的发挥。《吉尔伽美什》(Gilgamesh)中描述了此类探索的种种版本。这部史诗至晚成形于公元前2000年,被称为"巴比伦的《奥德赛》"。[1] 类似的探索反映在古希腊神话传说中——俄尔甫斯、赫拉克勒斯、奥德修斯,诗人们在这些人物的经历中都加上了一段冥界之旅;阿里斯托芬也为这一主题提供了一个喜剧版本:狄俄尼索斯在《蛙》中的探险。

对《王制》的读者而言,这些故事中最为重要的当属荷马的奥德修斯传奇。像《吉尔伽美什》一样,《奥德赛》也是一部返乡的史诗,主人公必须越过死亡的边界,获得能够让他回到家乡的智慧,重焕活力,再获新生。《奥德赛》中的返乡旅程分为三个连续的阶段:奥德修斯在魔怪、神明与死灵之王国的奇异探险,在这个过程中他失去了所有的同伴;他曾在平和宁静的费埃克斯(Phaeacians)短暂逗留,那里蒙诸神之荫庇,没有忧虑、痛苦和辛劳,远离人世;但最终还是回到了那个现实的、充满暴力的伊塔卡。在每个阶段,漫游中的奥德修斯都会遇到矫饰成各种面目的死亡,很明显荷马从更为古老的诗歌中借来了这些意象,并在《奥德赛》全书中加之缮善。死亡总是联系着黑暗、沉睡和遗忘,也经常拟化成洞穴:奥德修斯的道路不仅通向冥界的巨大洞穴,也通往莱斯特律戈涅斯食人族(Laestrygonians)黑暗洞穴一般的海港、卡吕普索(Kalypso)海岛上的洞穴。[48]与之相

---

[1] 黑德尔(Alexander Heidel),《〈吉尔伽美什〉与〈旧约〉平行论》(*The Gilgarmesh Epic and Old Testament Parallels*,Chicago:Universiry of Chicago Press,1946),页1。

对,生命则联系着光明、觉醒和回忆。①

对奥德修斯而言,生命最终与灯火、家庭、希腊伙伴的共同体不可分离:活着,不仅意味着活下来,更意味着要回家。为了"赢得他自己的生活(psuchē,字面义为"灵魂"),与他的战友一同返回家乡",②奥德修斯不得不横穿大洋抵达冥界,以便先知特瑞西阿斯(Teriesias)的荫庇能够指引他的旅程。奥德修斯从冥界返回,不仅仅依赖有关如何返回家乡的知识,更是依赖对生死之本性的深刻洞察。在冥界他被赐予了鬼魂的视野,这有助于他认清旅途中形形色色的亡魂,一如抵制了基尔克(Circe)和食莲人在甜蜜中抹去记忆的药——这药能够让人丧失对故土的所有欲念和思想(《奥德赛》,9.82 以下,10.247 以下)。对奥德修斯而言,正如《吉尔伽美什》,回家意味着某些事情,既轻于不死,又重于不死:即便是在见证了冥界的阴暗景象之后,奥德修斯依然坚守了自己的死亡,尽管可爱的神女卡吕

---

① 有关后面这种关联,参见弗雷姆(Douglas Frame),《早期古希腊史诗中的返乡神话》(*The Myth of Return in Early Greek Epic*, New Haven, Conn.: Yale University Press,1978)。将费埃克斯当作连接"奇幻王国"与"现实世界"之桥梁,参见西格尔,《费埃克斯人与奥德修斯返乡的象征主义》("The Phaeacians and the Symbolism of Odysseus' Return"),载《Arion》,第 1 卷,第 1 辑(1962):页 17 – 64。关于奥德修斯的转变,参见西格尔,《奥德修斯返乡中的转变与惯例》("Transition and Ritual in Odysseus' Return"),载《奥德赛:诺顿评注版》(*Norton Critical Edition of the Odyssey*), Albert Cook 编(New York: Norton,1974),页 465 – 486。以上文本此后皆随文注出。

② 荷马,《奥德赛(两卷本)》,A. T. Murray 译,Loeb Classical Library, Cambridge, Mass.: Harvard University Press,1919,1.5。参考 Loeb 版《伊利亚特(两卷本)》,A. T. Murray 译,Cambridge, Mass.: Harvard University Press,1924。认为奥德修斯在旅程中寻求他的身份,见迪莫克(Dimock, C. E., Jr.),《奥德修斯的名字》("The Name of Odysseus"),载《奥德赛:诺顿评注版》,页 406 – 424。所有文本此后随文注出。[译按]中译参见王焕生译:《奥德赛》,上海人民出版社,2014;罗念生、王焕生译:《伊利亚特》,上海人民出版社,2012。

普索许诺他永生,只要他能够留在她的身边(《奥德赛》,5.136)。尽管奥德修斯因此坚定地选择了身体的有朽,但是他拒绝了一个不值得去过的生活——在卡吕普索令人消沉的小岛上,与世隔绝地永生,"怅恨如冥界魂影"(Frame,页74)——从而使自己的人生或灵魂获得了意义。

和《奥德赛》一样,《王制》也是一场远行:logos 的运动被比喻成航行(394d),下抵阴暗、湿滑的洞穴地带,最令人惊奇的是与阿德曼托斯城邦之间的关联(427c – d,432c,450e – 451a),以及船只倾覆后不得不泅渡大海(441c,453d)。至为重要的是,奥德修斯来往冥界的旅行为《王制》的情节铺展奠定了框架。苏格拉底使用的第一个词呼应着奥德修斯向佩涅洛佩叙述冥界之旅的开篇:"katabēn domon Aidos eisō"[我下往哈德斯的居所](《奥德赛》,23.252)。苏格拉底在这篇对话中最后的言语里提到了奥德修斯的名字。在厄尔神话中,苏格拉底[49]使用了双关语,不是奥德修斯那位尊贵的费埃克斯王"阿尔基诺奥斯(Alkinoos)的故事",而是厄尔——"一个强壮的(alkimou)人"的故事(614b)。厄尔在冥界看到灵魂们选择他们的来世生活,在此过程中经常犯下惊人的错误。但是他也观察到,有一个灵魂回忆起前生往事,总结经验教训,最终选择了一个美好的未来(620c – d)。这个灵魂的细致选择强调了哲学回忆的力量,而它正是奥德修斯的灵魂。最后,在与洞穴喻象的联系中,苏格拉底引用了《奥德赛》的诗句——奥德修斯下抵冥界后遇到了阿基琉斯(Achilles)的幽魂,后者说:他宁愿去给一个穷苦的人做长工,也不愿在死人当中做国王(516d)。这一引用的效果是要将人在政治共同体中的存在处境与冥界幽魂的处境相联,将哲人的处境——他对智慧的追寻能够使他走出政治共同体的洞穴——与奥德修斯作为冥界探访者的处境相联。

柏拉图将哲人、有关言辞城邦的 logos 的命运与奥德修斯及其探险联系起来,从而暗示,苏格拉底在《王制》中讲述了一个哲学的奥德修斯传奇(即"奥德赛")。在面对哲学本性问题和《王制》的剧情或剧本时,这一观察为我们提供了更加丰富的理解方式。优先于哲学运思,柏拉图暗示,灵魂像奥德修斯一样,总是处于某种放逐之中,在一片悬置于生死之间的无人土地上游荡。哲学最终试图成为一种人类的"返乡"——不是文字意义上的、身体上的返乡,而是一种形而上的灵魂返乡。《王制》的荷马潜台词鼓励我们将哲学想象成一次探寻,目标是使灵魂返回起源、返回到宇宙或整全中的恰当位置。在《奥德赛》中,死亡、黑暗、遗忘、漂泊构成了一幅景观,生命、光明、记忆与返乡构成了另外一幅:正如苏格拉底以日喻和洞喻所喻指的,漂泊灵魂的返乡之旅就是从亡魂中返回到充满光明与生机的路上。

但是,《王制》也凸显出哲学本性中深藏的难题,从而质疑了哲学探求的前置假定。特别是在哲学的历险和奥德修斯的历险之间[50]存在着一个重要区别。奥德修斯明确自己的目标,而哲人并不清楚。奥德修斯也知道他所渴望回到的家乡;毕竟,那是他的故土与城邦。他知道:家就在伊提卡,伊提卡就是家。于此,《奥德赛》和《王制》之间的区别就非常明显了:奥德修斯无论如何不过是波吕斐摩斯与卡吕普索的一名访客,而人类——包括哲人在内——都降生于(而且大多数人从未离开)这个洞穴的地下魂影世界。那么,哲人如何才能保证,在他的探求完成之前,那里就已经存在着家一样的居所,或者如他所预想,存在着某种整全? 如果不能做出这样的保证,哲人又有什么理由相信哲学是有意义的,或者是可能的?

只有傻子或疯子才会将一生投入到不可能的或无意义的探求中去,因此哲人的关注必须围绕对自己哲学活动的理解和判断来展开。《王制》也必定要去反映这些核心问题。但是,对哲学的正当性进行反思,这本身就属于哲学探索的关键环节,因而问题就在于,这种反思从一开始就与哲学探索本身如影随形。

一旦发现了奥德修斯痛苦的思乡和灵魂最初的形而上满足之间的区别,就能揭示出哲学开端的难题。乍看上去,哲学似乎完全没有必要:对自己生于斯长于斯的家,我们天然地葆有完美的熟悉感。毕竟,这些前哲学的语境塑造了我们的欲望和信念,设定了我们的生活目标和生活方式,就此也影响了我们个性的形成。但是,哲学却首先提供了这样一种令人困惑的认识:由 nomos 所界定的那些传统的惯习——政治共同体内部共享的意见、习俗、传统——对我们来说根本上都是陌生的和异质的。我们如何才能体验到这种认识?

柏拉图表达后一个问题的时候,也暗示我们需要哲学,即便我们从未认识到自己有这样的需求。因而,《王制》所表达的这样一种哲学探索就包括了[51]在上升和下降的过程中遇到一些飘荡的游魂。这种相遇首先发生在苏格拉底和克法洛斯之间,克法洛斯的生命,正如独眼巨人波吕斐摩斯一样,狭隘地活在身体的需求和欲望当中。《奥德赛》提供了一种模式,有助于我们理解为什么必须要求面对这些状况。正如奥德修斯必须战胜那些来自怪物的挑战、各种活死人的诱哄、造访冥界的恐惧,如果一个人从来不去深究未经省察的生活所带来的另一种威胁和诱人伪装,并且不去应对它们所带来的任何反哲学挑战,他就根本不能认识到自己对哲学教育的需求,遑论主动获取这种教育。我们再次注意到 logos 的往复运动:人如果不下到灵魂深处进行探索,就无法进行哲学的上升。

至此,柏拉图至少有三个理由将《奥德赛》用作《王制》的第一神话脚本。首先,哲学对荷马的挪用戏剧性地适合柏拉图着意挑战的古希腊诗教传统,这一传统正为荷马所奠基。其次,《奥德赛》本身就允许了哲学的挪用,因为从某个重要的方面来看,它确实是一部深刻的哲学作品。荷马史诗可以被解读为自我认知不断深化的一场旅行,主人公的返乡之旅包含了对作为整体的人类经验的逐渐理解,也拒斥了那种无法认识到(进而通过记忆加以内化)这一经验中核心要素的生活方式。这一解释的哲学意义在下面两个词中得到了强化:奥德修斯在他的同伴身上看到的 noos 或 nous[心灵、心智],以及通过理智得以可能并最终得到检验和加强的 nostos[返乡],二者来自同一个印欧语词根 nes-,意为"返回到光明或生命当中"(Frame;特别是页 34-80,论证了 nous 在奥德修斯的返乡中起到的关键作用)。这两个词加强了以上解释的哲学意义。nous 和 nostos 的这一词源关联也揭示了柏拉图在《王制》中的哲学表述。在苏格拉底看来,正是 nous 使我们能够在善的光明中看到理念(Idea),[52]并由此完成我们的上升,在阳光的照耀下找到我们的路。

柏拉图将《奥德赛》援用作神话脚本的第三个原因在于,荷马对灵魂之旅的史诗表现正适合柏拉图特定的哲学目的。在某个层面上,奥德修斯的返乡表现出他对人类经验的真实与本质的逐渐发现。这一发现过程需要奥德修斯穿越幻觉和幻象的王国,最终抵达真实的所在(Segal 1962,页17以下)。柏拉图在哲学上不仅仅涉及了幻象和真实(或"仅仅看似是"[what merely appears to be]和"真的是"[what genuinely is])的区别,也采用了奥德修斯回归真实世界的各个阶段。或许更为重要的是,logos 本身也发生了某种转化,在第五卷中穿过了从阿德曼托斯城邦转向完美城邦所必须经受的三波巨浪,有如《奥德赛》的第五卷中奥德修斯的经历——离开卡吕普索的岛屿洞穴和"不真实的、梦一般的魔怪与妖巫的世界"(Segal 1962,页17),走向大海(参见 Brann,页22;Segal 1978,页329;Planinc,页277 - 279)。三波巨浪将奥德修斯推上了一条抵达斯科里埃(Scheria)的迂回之路(detour),这里更具人的气息,但仍然是孤立的、隐蔽的从而仍然是"不真实的"岛,岛上的居民费埃克斯人无忧无虑、"近乎神明"(《奥德赛》,5.35)。我们不妨记起,苏格拉底在第五至七卷中迫于同伴压力而描绘的完美城邦,也构成了一个解释上的迂回(detour)。

上述与荷马的类比突出了阿德曼托斯城邦和格劳孔的完美城邦所共有的缺陷。奥德修斯身处卡吕普索的岛洞时陷于深深的沮丧之中:他整日"望着翻动的大海,泪流满面"(《奥德赛》,5.84)。奥德修斯的沮丧来自他对一种活死人的认识:卡吕普索这个名字就强调了这种意思;通过将他扣留在洞穴中,她"覆盖"或"埋葬"(kaluptei)了他的生命(参见 Dimock,页413:"卡吕普索即遗忘")。类似地,苏格拉底暗示,阿德曼托斯那个阴暗的、洞穴一样的城邦,人在其中被当作动物来训练,统治者甚至不懂任何哲学,这个城邦实质上是那些失去了[53]人类最深渴望的活死人的怪异领地。完美城邦——拥有智慧,但也对人类本性施加了比阿德曼托斯城邦更大的暴力——并不比阿德曼斯政体的缺陷少,因为它"远离"人类的生活。《奥德赛》的潜台词在这一关联中给出了暗示:荷马史诗中,费埃克斯人的统治者阿尔基诺奥斯和阿瑞塔(Arete)——"强力意志"的国王和"德性"

的王后——照应着人类在完美城邦中无法达到的理智与德性的和谐。因而苏格拉底说,完美城邦本质上就是一个最终要被厄尔神话所替代的"阿尔基诺奥斯传说"。

正如奥德赛感到迫力而离开斯科里埃,完美城邦的缺陷若想得以弥补,就只能通过探索它之所以遥不可及的原因与意蕴,以及在此意义上如何"返回"人类生活。较高者一旦与较低者相分离,就必须重新将二者编织起来。出于这一原因,《王制》并不以完美城邦为圆成:对话的后半部分从完美城邦下降出来,伴随着苏格拉底的焦点从最佳政体的本性转向个人拯救的难题,恰恰完成了这样一个从正义城邦之"梦"向人类现实的返回(443b)。当苏格拉底援用《伊利亚特》的开篇诗句引起他对内讧导致完美城邦腐朽的解释时,他在第八、九卷对各政体(以及与之相应的人性)的巡礼就更容易使人想起"见识过不少种族的城邦和他们的智慧(noon)"的奥德修斯(《奥德赛》,1.3;参见苏格拉底在560c处对"食莲者"的引用)。苏格拉底对政体与灵魂的巡礼揭示出,共同体无法与个人同时得到拯救,正如他原本所预料的那样(497a)。相似地,我们也应记起,奥德修斯的返乡使得作为一个整体的费埃克斯人付出了高昂的成本——永远隔绝于那个有朽的人类世界。因而,对话最终回归现实,照应着奥德修斯在睡梦中从斯科里埃夜游伊塔卡,也像极了《王制》在黎明时分结束(《奥德赛》,13.93 – 95)①。

前文已经强调了《奥德赛》在《王制》的神话结构中发挥的作用,但是柏拉图的作品本身包含着太多暗示,[54]也不止引用了一个神话潜台词。例如布兰(Eva Brann)就发现《王制》关注了赫拉克勒斯的核心

---

① 像厄尔一样,奥德修斯随后从他的旅行之梦中醒来(《奥德赛》,13.187 – 189;参见西格尔,1962年,页31)。对奥德赛潜台词的另外一种不同的解读,参见普兰宁克。普兰宁克在将《王制》和《法义》解读为一场宏远的哲学"返乡"时,扭曲了荷马的作品。他不得不去论证,这两部对话"彼此并不相容,就像《奥德赛》的前半部分与后半部分也不连贯。当奥德修斯抵达费埃克斯时,他的旅程就已经接近尾声了"(页273)。

问题,即幸福与德性的关系,并且认为其贯穿整部对话,苏格拉底就像赫拉克勒斯一样,下到冥界饲喂怪兽赛普洛斯(相当于僭主的灵魂,苏格拉底最终在第九卷成功地找到了方法)。鉴于英雄下降的母题,赫拉克勒斯和奥德修斯相互指涉,但是从另外的角度来看,柏拉图对《奥德赛》的引用更具有哲学上的挑战性。最为重要的是,哲人与奥德修斯的对比尖锐地指出哲学与智术(sophistry)之间的区别。赫拉克勒斯代表着听命于德性的勇武与韧性;奥德修斯并没有如此过人的身体,但是具有更加复杂的心智与个性,后者才是需得品鉴的根本问题。①

在《奥德赛》的第一行诗中,荷马称奥德修斯是 polutropos[机敏的英雄]。这有两层含义:第一,"阅历丰富";第二,"诡计多端"。荷马之后,奥德修斯的诡计多端逐渐遮蔽了他的 nous:无论是在索福克勒斯的《埃阿斯》(*Ajax*)还是在欧里庇得斯的《独眼巨人》(*Cyclops*)中,奥德修斯的机巧与善变代表了后神话时代的政治德性,在欧里庇得斯的《赫库芭》和索福克勒斯的《菲洛克忒忒斯》(*Philoctetes*)中,他越来越像是一个自私自利的智术师。苏格拉底质疑智术,因为它破坏了人对 nomos 的前哲学信任,由此松懈了政治共同体对人的约束。正如我们所见,《王制》显示出苏格拉底式的哲人——就像奥德修斯和智术师们一样——是多变的(polytropic)。苏格拉底也具有奥德修斯那样矛盾的、富有煽动性的形象,从而强调了,最早由阿里斯托芬对苏格拉底进行的那类指控一定程度上是非常严肃的。

哲学与政治

《王制》直面这一挑战,回应了阿里斯托芬的质疑:共同体——哲

---

① 值得注意的是,阿里斯托芬强调赫拉克勒斯欲望炽烈、头脑迟钝(《蛙》,行 503 – 518;《鸟》,行 1579 – 1692)。[译按]中译参见罗念生译:《地母节妇女蛙》,上海人民出版社,2012。

学的或政治的——如何可能。[55]纯粹的共同体假设了 logos[也即理性的言辞]有能力去描绘共享的价值标准,与那些为个人私利服务的纯粹工具性的言辞相对立。因而共同体的可能性有赖于言辞与欲望的关系。在这一关联中,关键是要看到,雅典对传统德性观的持守明显在公元前 5 世纪后期发生了动摇。不妨将这种政治氛围称为"后传统的"(post‑traditional)。ēros 一旦缩减为对一己之物排他性的爱欲,便会伴生出不义,并且对 logos 采取轻慢的态度,从而自我封闭起来;但是,政治共同体和苏格拉底的哲思都假设,ēros 可以在某个层面上(尽管未必是同一层面)保持开放。这样说或许并不会带来误导:在后传统状况之中,城邦的健康似乎取决于哲学教育的可能性:哲学和政治共同体需要 ēros 保持开放,并且指向对正义、善和高贵的共享知识。

  这并不是说哲学和政治在教育上是一致的,甚至哲学和政治共同体根本上也是不能相容的。《王制》的序幕、在论证和戏剧的维度上对 ēros 的不同处理、它的神话结构以及《奥德赛》潜台词,所有这些都是在强调、扩展阿里斯托芬吸引我们注意的基本问题——哲学思考在本性上会给政治制造麻烦。我们对神话潜台词的思考反映出哲学与政治之间存在着一系列相互关联的问题。前哲学的生活怎样失去了方向、支离破碎,这种迷失又如何取决于我们传统惯习的退据失守?哲学何以能够激发并促使向灵魂的转向与返回?即便不能达致目的,追求智慧是否仍有意义?如果没有,哲学与智术之间还存在根本区别么?①

  就让我们在珀勒马科斯的家中探究这些问题吧。

---

  ① 在《柏拉图的药》("Plato's Pharmacy",载 *Disseminations*,Barbara Johnson 译,Chicago:University of Chicago Press,1981,页 61‑171;此后随文注出)一文中,德里达将柏拉图对哲学的表现拓展为对智术之"毒"的解毒,以及征服"死亡"的途径。德里达这篇引人入胜、给人启发的文章试图展示,柏拉图在哲学和智术之间的区分无法维持。试图为这个区分进行辩护,对德里达的观点进行深入批评的,见格里斯沃德出版于 1988 年的著作,以及《柏拉图式的重构》("Platonic Reconstruction"),收于罗森著《作为政治的诠释学》(*Hermeneutics as Politics*),第二章,Oxford:Oxford University Press,1987,页 50‑86。

六 重重挑战

第一卷中,苏格拉底的哲学生活方式先后受到了克法洛斯、珀勒马科斯、克莱托普丰、忒拉绪马霍斯的挑战。这场对抗性的戏剧展现出,在灵魂的诸种属性中,既存在使哲学教育可能的部分,也有阻碍这种教育的反哲学属性。苏格拉底与克法洛斯、克莱托普丰的对话标示出哲学关注或参与人类存在的能力自有其界限。如果苏格拉底像奥德修斯那样,"赢得了自己的灵魂,并回到亲友当中",那么克法洛斯和克莱托普丰获得的就不止是拯救。但苏格拉底能够应付珀勒马科斯和忒拉绪马霍斯的攻击(这两人的名字本身就带着血气,忒拉绪马霍斯字面上是指"勇武能战"),以这种方式将他们带入一种常见的哲学探究。事实上,战争的比喻有助于解释苏格拉底何以能够将对话转向哲学。血气(thumos)是好胜斗勇的灵魂中那束顽强的神经,在《伊利亚特》中,其字面义指战士的"心脏"。正如我们将要见到的,第一卷的情节开始是要去证明潜在的哲人必须具有血气,就像他所拥有的爱欲一样旺盛。

不过,苏格拉底的主要对话者们身份各不相同:珀勒马科斯是一名坚定的爱国者,忒拉绪马霍斯是一位喜欢[57]指摘时政的知识分子。二人虽然都有可能进行哲学思考,但是出于各自的原因采取的方式也不尽相同。他们都找到了自己的伙伴,珀勒马科斯和克法洛斯、忒拉绪马霍斯和克莱托普丰,这两个伙伴虽然和他们在灵魂上有所相似,却都不再愿意接受教育。而且,珀勒马科斯和忒拉绪马霍斯依据各自的本性与论证,分别预演了阿德曼托斯和格劳孔的角色——这两位地位相对更高,是对话其余部分的主要参与者。以此方式,柏拉图对读者的教导堪称言行并重。现在,就让我们开始更加详细地观察这堂示范课。

克法洛斯:灵魂是一个封闭的圆

苏格拉底和同伴们到了珀勒马科斯家之后,围着克法洛斯环坐成一个圆圈。克法洛斯是一位受人尊重的家长,占据了这群人当中最核心的荣耀位置。苏格拉底也有意让他成为后面讨论的中心。克法洛斯的名字是一个柏拉图式的双关语。这位老人的身体只剩下一个头(kephalē):肉体的力量、欲望和愉悦已渐萎缩(328c–d)。此外,克法洛斯也是珀勒马科斯家族的头儿。如此,他就为儿子们立下了榜样,他的言行得体地体现出令人敬重的家父权威。而这种家父权威也和公民宗教的传统权威相互支持。克法洛斯头戴花环,刚在珀勒马科斯的院子里举行过祭祀,可以推定是在给 Zeus herkeios[家庭的守护神宙斯]献祭(Adam,328c 注)。与克法洛斯的对话就发生在这个神圣的、私人的家庭空间当中。

在柏拉图的作品中,场景总是预示着内容。传统以及父亲统治孩子的天然权力,要求克法洛斯扮演起为儿子们做指导和示范的角色。苏格拉底特别感兴趣的是克法洛斯在这个角色上的合法性,以及[58]由之扩展而来的他对神的看法所植根的公民传统的合法性。不考虑体面、文雅这些外在评价,克法洛斯的言行应当以什么进行衡量?克法洛斯所代表的习俗与传统信仰在多大程度上能够为灵魂提供合宜的指导?苏格拉底开始提问,问题涉及克法洛斯的性格、雅典 nomos 的适当性、最佳的生活方式。这场讨论的背景是《云》:在追问最佳生活方式的过程中,苏格拉底冒险篡夺了一个父亲的特权,而且似乎是要去败坏这个父亲的儿子们。他鼓动克法洛斯做一个旅行者,探索一条"也许我们也要必须走下去"的路(328e,楷体为作者所强调)。克法洛斯像厄尔一样,已走到"老年的门槛"(328e),将要提起他一路走来看到的东西。厄尔神话中提过的一个选择的难题,在当前这个语境中也若隐若现。特别是,苏格拉底的话暗示着,我们或许不会被强迫着走上克法洛斯的生活之路;是否如此选择,取决于如何理解这位老人的述说。

克法洛斯先是提到,当他和其他老年朋友一起聊天时,最常回忆起的是如今已不再能够享受的食色之欢。这是一个令人绝望的场景:犹如冥界的阴影,这些老人认为"从前生活得美满,如今,这根本不算生活"。但是,克法洛斯对此看法不同。他认为,老年反而带来了"大量的安宁与自由",曾经受缚于身体欲望,而今从"许多发疯般的主人"手里解脱出来。克法洛斯总结自己在老年光景中得来的观点,暗示说他在年轻时和年老时都过得不错,因为他"讲究节制(kosmios)、脾气随和"。克法洛斯因此暗示,他的灵魂如同天道一般,是一个秩序良好的整全(328e – 329d)。

克法洛斯的发言让苏格拉底满腹疑问(329e),很可能是因为这一大堆说辞和从中所得出的对善好个性的颂扬之间存在着显著差距。克法洛斯暗示,身体在变差之前可以统治灵魂,因为所有人都是为了满足身体欲望而活着。他对身体冲动的描述极为生动:情欲做主,就如"狂躁的""粗暴的"[59]"发疯般的"主人(329c – d),将理性当作奴隶。自由被消极地界定为年老之后自身体 ēros 的束缚中的解脱。但是,除了身体的虚弱之外,这也意味着垂垂老者仍然是他们身体的奴隶:他们将两种最为重要的灵魂能力——言谈与回忆——用于思恋往日的身体欢愉。

克法洛斯的言谈为我们提供了一种欲望、对话和回忆的模式,与苏格拉底的范式在各个方面皆有冲突。克法洛斯的 ēros 以性欲为始终。尽管他也涉及了反面,但是非身体的 ēros,尤其是对哲学话语的欲求,无法等到人的暮年时期才开花结果:在对话转向哲学的时候,他起身离开了。而且,即便克法洛斯对人类境况进行了全景式的描绘,他暗示善好品格使自己过上了好日子,这一观点也依然暴露出他严重缺乏某种自省。青年克法洛斯的灵魂远远达不到良好的秩序,因为他受役于汹涌的激情。如果他在年老时不再那样迷狂,是否仅仅因为身处特殊的时光?

不过,克法洛斯并未热切地强调他的节制:既不像他的祖父那样热衷赚钱,也不像他的父亲那样开支无度。就克法洛斯的祖父和父亲对待金钱截然不同的态度,苏格拉底给出了一个解释:那些不赚钱的人只在花钱时才是严肃的,而赚钱的人对他们的财富怀抱一种特殊的感情,因为这都是他们的劳动所得。苏格拉底指出,人对自己的所有物和有用之物尤其抱有特殊的感情。克法洛斯必然也对他自己赚下的钱抱有双重感情。事实上,他对财富的热爱也联系着对自己孩子的热爱:他希望能够给儿子们留下一笔遗产,在数量上比自己从父辈那里继承下来的多(330a - c)。

苏格拉底指出,喜爱私有的东西是人类的本性。这对政治和哲学来说也是一种模糊但重要的情感。这种喜爱能够维护家庭与城邦之间的关系,但是出于同样的原因,也可能让人因为某个事物不在自我私利的狭隘圈子之内就对之排斥,其中就包括作为整体的政治共同体的福祉。对私有之物的热爱也会使人忽视自身的[60]缺陷,并因而阻碍人通过批判性思考进行哲学的上升:苏格拉底说,赚钱的人只愿意赞美金钱;诗人对诗歌、父亲对孩子、人对自己的身体和意见、城邦对自身的传统,概莫能外(330c)。哲学的德性与政治的德性能否共存,因而似乎取决于这些情感能否向教育开放,同时又不去破坏教育。

克法洛斯以一种排他的、狭隘的、僵化的方式热爱自己的东西。尽管他以自我为中心,但是似乎也在某个方面有所超越:向神献祭。克法洛斯解释了自己敬神的缘由,这就有助于我们去理解像他一样的人,并因而有助于我们看到传统虔行的局限。

克法洛斯挑起神的话头是为了回应苏格拉底的问题:克法洛斯从财富中得到的最大好处是什么? 克法洛斯先是指出,没有多少人能够被他所说的这些话劝服,很明显是因为这番言辞的说服力端赖于临近死亡门槛的经历。他解释说,诗歌中所描述的冥界传说——这些传说对年轻人来说很是可笑——让那些接近死亡的人害怕在死后因为自己的不义行为而受到惩罚,并且使他们第一次开始思考如何度过自己的余生。忧惧所带来的"焦虑"和"恐怖"让人"检讨自己的行为",甚至常常使人从睡梦中惊醒(330d - e)。

对克法洛斯来说,自我认识的道路仅仅始于对死亡的恐惧,而且植根于自爱当中。他指出,在面对死亡之前,人们高枕无忧,不会对正义生活进行任何严肃的思考,遑论思考最佳生活方式的问题。(苏格拉底和他年轻的朋友们将会彻夜考察这些问题。)人们为何对生活不假反思,又为何随后感到恐惧,克法洛斯已经把答案告诉了我们:在身体衰朽之前,人总是心甘情愿做 ēros 的奴隶,驱策他们求取身体欢愉的"发疯般的主人"将他们不可避免地引向不义的行为。不义来自于 ēros,因而比正义更与人们熟络——这或许就是为什么《王制》[61]在讨论正义之前先要讨论不义。目前看来,财富有助于一个人远离不义的行为,对于过上一种正义且虔敬的生活而言是有用的,并因而能够对往生之后抱有甜蜜的希望,像品达(Pindar)所说的那样。克法洛斯坚称,对一个正直的人来说,"为了不至于违背自己的心愿去欺瞒、哄骗他人,不至于因欠了某位天神一些牺牲,或欠了某人一笔钱,而后充满恐惧地去了那里,对此,拥有财富发挥了一大作用"。他总结道,对一个有头脑(nous)的人来说,财富在这个方面的作用尤其重要(330d – 331b)。

克法洛斯回答了苏格拉底提出的财富问题,从而为他的人类境况画卷涂上了最后一笔。他的发言一再强调,灵魂在道德和智性上受役于身体,因而揭穿了他在自我认识上的伪装。克法洛斯以正直、有头脑自居,但是他所理解的正直却以恐惧和金钱为根据,强调了 nous 中纯粹计算式的、工具式的本性。人在年轻时被"发疯般的主人"所掌控;克法洛斯现在又补充说,在他们感到死亡临近的威胁之前,人们既不思考也不关心正义,甚至还会讥笑对死后受罚的描述。恐惧激发了自利的计算,并发轫出我们所拥有的任何一种正直,因为恐惧足以使我们想到要像对待神一样,正义地对待他人。此外,克法洛斯也表明,如果没有钱,即便是一个像他这样的"好"人也可能会受到某种迫力,违背自己的意愿地欺瞒、哄骗。最后,金钱对虔敬的意义也如对正义这般。一个敬神的人对神的正义,就是献出他们所亏欠的,也即献祭。

这种全然传统的虔敬观存在非常深刻的缺陷:克法洛斯并不理解什么是神圣。于他而言,敬神和正义一样都是纯粹工具性的。克法洛斯向神献祭,并非出于对神圣不可侵犯者怀抱一种虔敬的敬畏,而是因其内心的恐惧。由于他和人、神之间的关系都是完全自利的,所以他倾向于将所有这样的关系都根据金钱交易来理解。特别是,苏格拉底与克法洛斯的相遇,显示出祭神活动有可能会被扭曲为一种商业活动(参见《游叙弗伦》,14d-e)。克法洛斯祭神,就像给神交保护费;因为神的力量远胜于人,就必须以牲礼收买之。他没能看到神会因行贿而愤怒(参见《阿尔喀比亚德后篇》,149e)。克法洛斯的眼界终究无法超越私有之物的狭隘圈子,即便在敬神的问题上也是如此。

克法洛斯还提出了哲学与诗歌的争执问题。在他看来,诗人的智慧无可逾越。除了在讨论爱欲的疯狂时将索福克勒斯引为权威(329b-c),克法洛斯还清楚地表明,诗歌里的传说对他的宗教立场而言非常关键,尤其是那些对死后世界的描述,既令人恐惧又饱含希望,从而深深触动了他。因为诗歌对神的叙述既能激发起人最深层次的恐惧,同时又能安抚这种恐惧,所以诗人要对克法洛斯错误的虔敬观负一定责任。克法洛斯所描述的内在恐惧让人对内转向自己,而非对外诉诸神明。真正的虔敬似乎需要勇气,至少,对那些高于、超过自己的事物保持开放,从而否弃那种恐惧的自我沉湎。人也需要勇气去获取对神圣事物的知识,因为恐惧会滋生迷信,而我们为了减轻这种恐惧而对自己讲述的那些饱含希望的故事,本身往往就是智慧的思考。

克法洛斯这个部分的对话松动了诗人的宗教神话的效力基础,进而质疑了诗人所宣称的智慧。诗人对死后世界的传说立足于恐惧与希望,而对神圣事物的知识和对神圣者的敞开则需要一种超然的态度,出离自利的恐惧与希望。我们或许看到,苏格拉底就演绎出了这种超然,不论其生,抑或其死。勇气引领苏格拉底走出恐惧的自我沉湎,或许也可以为虔敬打下哲学基础,获得对神圣者的真正认识。

"你说的完全对,克法洛斯。"(331b)苏格拉底的话里满是反讽:克法洛斯的言辞堪称恶俗,至少是因为自欺的天性。苏格拉底对之明褒暗贬,也许正代表了他所提出的某个原则——将武器还给或将实情讲给一个疯癫的朋友是不义的(331c)。克法洛斯的疯癫当然不在字面意义上;他反而在年老后保持节制、精于计算,虽然年轻时[63]也受役于爱欲这个"发疯般的主人"。尽管 sōphronein[头脑清楚]既有 sōphrosunē[自我控制或节制]的意思,也有 phronēsis[明智的判断,尤其是对个人生活]的意思,但是克法洛斯对身体之事的关注并不节制,也缺乏自我认识。

苏格拉底与克法洛斯的讨论发生在洞穴的深处,我们在《王制》的尾声部分还要返回这个洞穴的喻象。克法洛斯因其德性之浅、欲念之妄,正预演了厄尔神话中那个选择来世做最大僭主的灵魂(619b – c)。克法洛斯就像是这个灵魂一样,不会反省,也不会愿意为自己的行为负责:一旦出现了自我批评的苗头,他就离开了对话(331c – d)。克法洛斯的名字和个性都暗示出,他代表着居住在洞穴最深处的那些被禁锢了的头脑(tas kephalas,514b)。他被囚禁在自我沉湎的惯习当中,因而远离哲学的领地。

珀勒马科斯与友爱:打开封闭的圆圈

克法洛斯就是像一座古旧的灯塔,指示出一条陈腐的生活之路——缺乏自识,更无光彩,早就为后来人所抛弃。苏格拉底接下来面对的是来自珀勒马科斯的挑战,克法洛斯起身去祭神,就把火炬传给了他最大的儿子,像是让儿子继承遗产一样把论证交到了珀勒马科斯手里(331d – e,《法义》中也将家族的代代相续比喻为火炬接力,776b)。克法洛斯离开之后,苏格拉底试图以哲学填补他所腾空的父权空间。珀勒马科斯早先就说过,他和伙伴们不会听苏格拉底说话,甚至开玩笑说要用武力对付他(327c)。苏格拉底似乎必须使珀勒马科斯相信,哲学就像是他那上了年纪的父亲,必须得到尊敬的倾听。为了做到这点,他试图在珀勒马科斯对正义的理解当中挖掘更深层次的问题来[64]推进思考。但前提是,比起克法洛斯,珀勒马科斯须得更愿意听苏格拉底讲话。事实上,珀勒马科斯很快就将自己和父亲区分开来:克法洛斯对讨论正义没什么兴趣,珀勒马科斯则在话头刚起的时候就插话进来(331d)。如何解释父子之间的这种差别？

尽管克法洛斯一上来就邀请苏格拉底"经常来看我们……就像来看朋友"(328d)，但是他并没有进一步留意朋友和友爱(philia)，事实上，克法洛斯满心的自利，就像是年轻时僭妄的激情，并不欢迎真正的友爱。但是，苏格拉底挑战克法洛斯的正义观时，重新引起了友爱的话题。尤其是，他暗示正义处世包含了不去伤害朋友(331c)。珀勒马科斯强烈地认同且事实上推进了这一原则：他激动地以宙斯之名确证"朋友之间相互帮助，做好事，决不做任何坏事"(332a)。

后面这句话意味着，珀勒马科斯有可能与苏格拉底站在一起，因为与克法洛斯不同，他发自内心地渴望友爱。在对话的开篇场景中，珀勒马科斯的行为体现出他是这些年轻人的头儿，这群朋友因为相似的欲望走到一起来，要去体会各种各样的享乐(参见亚里士多德《伦理学》,332a)。但是与克法洛斯不同，他的欲望已经通过某种方式得到了拓展，进行了政治化。像他父亲那样，珀勒马科斯的动力主要来源于对私有之物的热爱。与他父亲不同，他对私有之物的认识更加广泛，足以容纳来路不同的朋友，而不以血缘关系为限。尤其是，他的 ēros 大大超越了身体的意义：直接指向某种享乐经验——在作为整体的朋友圈子中得到了一致赞许，并且由圈子里的所有朋友共享，进而促使他超越了他父亲所表现出来的那种排他性自利的密闭圆圈。

珀勒马科斯的 thumos 也和他相较更加宽泛的 ēros 一样需要得到重视。他对雅典同胞有着强烈的情谊。他就是雅典人所说的 kalos k'agathos——字面义是"高贵而良善"——一位愿意为朋友和城邦挺身而出的绅士。珀勒马科斯对朋友所持的这种绅士式的情感，在前哲学的意义上为他的正义观[65]奠立了基础。这种情感或者说牵系也是城邦团结的根本。如他的名字所示，珀勒马科斯将敌友之间、战和之间的区别视为理解人类关系的基础。诗人西蒙尼德宣称"正义就是把欠每个人的东西还给每个人"(331e)；在珀勒马科斯看来，"欠的东西"就等于"适合的东西"，而且是否适合取决于面对的是谁。特别地，朋友应得好的东西，决不应得坏的东西，敌人则相反(332a –

c)。珀勒马科斯对朋友的绝对忠诚——尤其是当他面临死亡的威胁时最为明显——是一种重要的政治德性:共同体的成员若不能为彼此而战,则一如友谊,行不远矣。

在《王制》中,苏格拉底既没有挑战"给每个人适合他的东西"这个对正义所下的一般定义,也没有质疑珀勒马科斯"正义地对待朋友就是对他们做好事而决不做坏事"的观念。这一事实意味着,在苏格拉底看来,珀勒马科斯的这一观念值得赞美。但是,苏格拉底也的确促使珀勒马科斯究问:谁才是他的朋友?为什么他们是朋友?怎样做才算是正义地对待朋友?通过讨论这些问题,苏格拉底开始追问城邦存在的先决条件。

从332c到334b,苏格拉底关注正义会实现什么的问题。这段扑朔迷离的情节最后得出一个结论:至少是在和平时期,我们很难说清,正义的人做了什么事,或者以怎样的方式正义才是有用的。更糟糕的是,正义的人远不是做一个偿还东西的讲真话的人(331d),眼下看起来倒像是一个骗子、一个窃贼,苏格拉底这里显然是在指责荷马,"因为他喜欢奥德修斯的祖父奥托吕科斯,说这人'在偷窃和发誓方面胜过了所有的人'"(334a-b)。我们又该怎样解释这一令人震惊的结论?

为了让珀勒马科斯思考得更加深入,苏格拉底自己似乎要赞赏奥托吕科斯或者奥德修斯的手腕。苏格拉底口中奥德修斯的机巧尤其体现在他为珀勒马科斯设置的任务上:通过与厨艺和医术的比较,观察正义的艺术或technē(技艺,332c-d)。艺术或技艺是最为明显也最为常见的知识类型:一个technē可以被界定为任何[66]包含了一系列步骤、指向一个目标的程序,并且可以教授。这样的知识事实上如此明显、如此常见,以至于人们认为所有知识都应当是技术性的。但是珀勒马科斯的回答是:"如果答案必须与之前保持一致",那么正义就是一种"给朋友帮助、给敌人伤害"的technē(332d,楷体为作者所强调)。珀勒马科斯的质疑应该让我们也暂时停顿一下:正义处世就等于是拥有某种技术性的知识么?苏格拉底引导着珀勒马科斯,得到了这一荒谬的结论——正义的人是个小偷,因为最好的卫士就是最好的盗贼(334a－b)。这似乎是正话反说。简单地讲,任何technē都能被正义地使用,也能被不义地使用,同样,一个人正义与否,与他能否学好任何给定的技术性知识没有关系。这也就是说,正义并不是一门technē。很多不义的人都知道,他们的行为在技术上是不义的;但是要想行为正义,意味着不愿去做非正义的事。换言之,正义处世意味着,灵魂在正义与不义的行为之间倾向于前者。就此倾向而言,其中也包含着知识,这种知识关乎值得选择的目标和值得去过的生活,而不关涉为达某一给定目的需要什么手段的技术性知识。因而,正义或许包含着技术性知识,例如正义地分配资源需要经济学的知识,但是正义绝不能被简化为技术性知识。

在忒拉绪马霍斯看来,苏格拉底的善变标志着他的不义:无论别人说什么,苏格拉底都要加以反驳,是为了满足他对荣誉的热爱(336c)。那么,在与珀勒马科斯的对话中,苏格拉底是否不正义呢?我们于此最多只能说,苏格拉底的教育不同于技术指导,并不是将知识简单地从一个灵魂传递给另一个灵魂——这种简单传递有个例子,就是忒拉绪马霍斯在345b处告诉苏格拉底的"硬塞进脑袋里去"。① 事实上,苏格拉底所使用的盗贼奥托吕科斯的例子还有一个很重要的方面:他的教导一定程度上就是要从他的对话者那里偷走不假深思的意见,促使后者发现真理。② 能够将苏格拉底的取舍和行骗、盗

---

① [译按]英文为forced feeding,引自布鲁姆英译本,但几个中译本均无"feed"义,大致两种译法:王扬译作"闯入你的灵魂",其他人译作"硬塞进你的脑袋"。前者为古希腊原文直译。

② 有关苏格拉底教学实践中的含混性,见柏拉图,《智术师》(*Sophist*),226b－31b。苏格拉底的哲思与阿里斯托芬笔下"盗窃"的联系,参《云》,177－179,719,856－859,1498(另参《泰阿泰德》,169a－c)。基尔克果(Søren Kierkegaard)对苏格拉底教学法也做出过非常深刻的描述,见《哲学片断》(Philosophical Fragments),页9以下,载《哲学片断(基尔克果著作集·第7卷)》(*Philosophical Fragments/Johannes Climacus Climacus, vol. 7 of Kierkegaard's Writings*),Howard V. Hong 与 Edna H. Hong 编译(Princeton:Princeton University Press,1985)。

窃区分开来,这种能力或许端赖于一个人是否能将追求智慧的价值置于追求其他事物的价值之上。忒拉绪马霍斯对苏格拉底动机的解释,恰恰反映了他自己对荣誉的强烈热爱(338a)。

[67]珀勒马科斯不愿放弃"助友损敌"的正义定义,尽管他现在已经承认,自己并不知道正义处世以什么内容为特征(334b)。苏格拉底让珀勒马科斯明白了"帮助"(helping)这个词很成问题,之后就开始在对话的剩余部分(334b - 336a)批判性地挖掘"敌友"和"伤害"的问题。

珀勒马科斯解释说,我们喜欢那些看上去好的、有用的人,厌恶那些看上去无用的人;前者是我们的朋友,后者是我们的敌人(334c)。将朋友彼此联系起来的 philia 植根于求取对自己有好处和有用之物的欲望。但是珀勒马科斯并不像克法洛斯,他做好了准备要去认识。人类在区分"是"与"看上去是"时总会犯错误,或许是因为他自己正好见证了某个正义的人变成了窃贼,转变到了他的反面上去。因此他只好根据"是"而非"看上去是",重新界定朋友与敌人(334e - 335a)。

珀勒马科斯承认自己的错误,意味着遇到苏格拉底之后的一个转折点。因为他想知道什么对他来说是真正好的和有用的,而非仅仅看上去是这样的。在判别敌友这个问题的启示下,珀勒马科斯必须承认哲学是极端重要的,尤其是在探究什么事物值得追求、什么生活值得去过的问题上。苏格拉底为自己赢得了一位盟友。如果去鼓励批判的、哲学的反思是正义的,苏格拉底对珀勒马科斯的所作所为就是正义的。

目前对友爱的讨论要求 philia 将自己阐释为爱国主义并因而维护政治共同体。对克法洛斯而言,爱国主义的基础是利益:比如,雅典是一个捞取名利的好地方(329e - 330a)。这一看法直接来自天性的自利或对私有之物的热爱,从而提出了一个麻烦的问题:我为什么不能将我的同胞视为敌人,将城邦的敌人视为朋友? 说得更直率一些,为什么正义? 珀勒马科斯血气旺盛的爱国主义的内在一贯性[68]——以及,事实上,政治共同体的持久的整体性——取决于对这一问题的回答程度。

很明显,《王制》已经在戏剧情节的层面上开始回答"为什么正义"的问题了。苏格拉底与珀勒马科斯的关系,在对话开始时典型地反映了武力、劝服和欲望的政治混合,现在已经转化成一种超越了利益的联合模式——政治共同体所欲求的那种模式。在建造言辞城邦之前,苏格拉底和珀勒马科斯已经以行动建立起一个哲学的共同体,或称 koinōnia。他们将要为了维护他们对正义的共同理解而"并肩战斗(koinōnein)",目前还包括反对伤害任何人的这一限定(335d),尽管苏格拉底提到了"战斗",但这是在无法辨别谁是敌人谁是朋友的情况下最为谨慎的办法。这一新的伙伴关系预示了完美城邦的血气见之于理智应有其界限,而一个现实的话语共同体恰与一个想象的政体相对立。最为重要的是,这一共同体的成员都明白它的根基并不在于欲望的偶然合流,而在于对"什么可欲"(在最宽泛的意义上)这一问题加以深入的哲学探究所产生的无可置疑的可欲性。正义似乎内在于这种哲学活动本身当中。

忒拉绪马霍斯与智术的挑战

忒拉绪马霍斯的诘难

忒拉绪马霍斯和珀勒马科斯一样,也以打断谈话的方式参与到对话当中。他对苏格拉底突然发难(336b 以下),使得苏格拉底的思考和正义之间的关联成为明确的辩论主题。就像苏格拉底所受到的公开控告,忒拉绪马霍斯的发言既是一个控告,也要求相应的责罚(337d)。这与苏格拉底的审判如出一辙,苏格拉底的朋友们同意为他支付罚金(参见《苏格拉底的申辩》,38b),珀勒马科斯也说会为他"作证"(340a)。但是,苏格拉底故作害怕,以反讽的方式使一个实质上非常严肃的讨论呈现出喜剧色彩。[69]这些戏剧线索暗示了,《云》和《苏格拉底的申辩》所涉及的哲学与争执问题同样也出现在当前的文本当中。

在所有重要的方面,忒拉绪马霍斯都不赞成苏格拉底和珀勒马科斯的讨论中得出的哲学概念。忒拉绪马霍斯指责苏格拉底的不义和糟糕的推演。他坚称,苏格拉底的表现就好像他的否定性谈话方式可以引导出哲学认识,事实上他的言辞根本就是好斗的、诡辩的。不看这些表面现象,苏格拉底的讨论实际上更像是一场战争,而不是和平时期的伙伴关系,而且对获取知识毫无裨益。苏格拉底反讽地宣称,关于正义的知识要比金子更贵重,但是他的真实目的却是为了在辩论中获胜(336e - 37a)。而且在任何情况下,否定性的话语不会产生任何知识。为了真正地认识什么是正义,必须要对正义的本质做出明白、精确的描述——这是苏格拉底无论如何都不愿去做的事情(336b - d)。

忒拉绪马霍斯对诡辩的修辞术绝不陌生:他明白地相信他拥有正义的知识,而且这一知识能够确保他在短兵相接的论辩中获得击败苏格拉底的荣誉(338a,341b),这样一场胜利将会大大满足他赢得辩论的欲望,对他作为一个兜售政治与法律劝说术的教师而言,也是非常有利的。忒拉绪马霍斯说苏格拉底和珀勒马科斯愚不可及(336c):他是那样享受自己和苏格拉底的两相对照,他知道什么是好的以及如何得到所有的好处——金钱、荣誉、智慧,而苏格拉底只是一个将要受到羞辱的穷鬼、蠢货。

忒拉绪马霍斯的自我理解是否具有内在的融贯性呢? 尤其是,如果像忒拉绪马霍斯说的那样,苏格拉底表面上好斗的性情无法相容于对智慧的寻求和拥有,那么忒拉绪马霍斯是不是也必然如此? 苏格拉底总是将他的对手描画成一个危害到和平的伙伴关系和 logos 或理性的言辞本身的人。当那些愿意倾听论证(logos)的人不再能够限制他,忒拉绪马霍斯就会像"野兽"(336b)一样打断苏格拉底和珀勒马科斯。野兽既不适合哲学共同体,也不适合政治共同体,因为它们野性未消,而且[70]对正义、不义这样的共同事务,缺乏理性言谈的能力(参见亚里士多德《政治学》,1253a7 - 18)。苏格拉底之后补充,忒拉绪马霍斯就像是神话传说中的狼,几乎使他"哑口无言"

(336d；另参，Bloom 1968，页444 注30）。或许正是忒拉绪马霍斯，而不是苏格拉底，最像奥托吕科斯这匹独狼。

苏格拉底的评论预示出，忒拉绪马霍斯的言辞与行动之间似乎存在着矛盾：忒拉绪马霍斯将正义等同于不义，因为正义"无非就是强者的利益"（338c），而且他为此做了一番讲演，几乎让logos陷入停顿。但是忒拉绪马霍斯，这个"令人惊奇的人"（337b），对他的悖论推理教学法相当自傲。克法洛斯就像独眼巨人，做了自己身体的奴隶，看不到神圣之物，只关心自己的财产，但他是无意识的。忒拉绪马霍斯则要明确地、主动地揭穿正义的无稽之谈。特别是，忒拉绪马霍斯乐于为这样的观点辩护，因为他自视为"强者"，而视苏格拉底为"弱者"或"无人"（nonentity）（ouden,341c）。忒拉绪马霍斯的口气不无讽刺地让人想起波吕斐摩斯的自吹自擂（《奥德赛》,9.366，奥德修斯聪明地告诉波吕斐摩斯自己名叫Outis［无人］）。苏格拉底最终戏剧性地戳穿了忒拉绪马霍斯张牙舞爪制造出来的伪装。苏格拉底在任何方面都不会害怕忒拉绪马霍斯，这提请我们注意苏格拉底的勇气与忒拉绪马霍斯的粗鲁之间形成了怎样的对比。

苏格拉底感兴趣的对话就是当前这个样子，因为他能从中获得教益（337d,338b）。何以如此？苏格拉底追问最好的生活是什么样子，这就对以"信念"或"假想"为基础而非以知识为基础的哲学生活做出了某种承诺（337e）。苏格拉底进一步假设，检验他信念的最好方式，就是将自己直接暴露在过着其他类型生活的人所发起的挑战当中。从而，他的方法在理智上比很多智术师更加诚实、更具勇气。智术师们选择安全地留在门徒和头脑相近的同行们所组成的小圈子里。事实上，最具力量的挑战往往也最有见识，而无论后果如何。正如苏格拉底无法将克法洛斯带入批判性的讨论，反而［71］揭示出哲学话语的局限，忒拉绪马霍斯没能"给他上一课"，倒也让苏格拉底从中有所收获。

克法洛斯认为，人之所以正义行事，只是因为畏惧神的高超力量。忒拉绪马霍斯将这一观点加以拓展到polis："所有城邦中的正义都一样，是现存统治阶级的利益"（339a）。换言之，那些拥有政治权力的人为其自身利益,而非被统治者的利益,规定了什么是 nomos,亦即正义的尺度(measure)。忒拉绪马霍斯进一步指出,不同类型的政体会以不同的方式界定正义,因为不同类型统治集团的利益总是相互对立的。忒拉绪马霍斯对 nomos 的拆解会引出这样的结论:政治即统治。通过剥去 nomos 的华丽外表,忒拉绪马霍斯揭示出,个人利益在 phusis 的层面上总是处于一种无法缩减的冲突当中。甚至统治者(如果是多个人共同掌权)之间也存在利益冲突,忒拉绪马霍斯随后赞美僭主制是完美的非正义清楚地体现了这一点(344a-c)。因为这一冲突绝对是根本性的,所以无法用 logos 来解决。修辞的言辞可以用于掩盖这一冲突,但哲学研究根本无法处理。polis 就像是对外关系的剧场,实际上处于战争地带,一个人的朋友被界定为临时联合起来更有利于劫掠他人的人。如果内战不发生,那是某些人因恐惧而得到限制(344c),其他人都是傻瓜,看不到正义就是对掌权者有利、对他们自己不利(343a 以下)。

  现在就可看清了,苏格拉底为何暗示忒拉绪马霍斯对一般意义上的 logos 和特别意义上的哲学持有敌意。忒拉绪马霍斯的确认为应该用 pleonexia[贪婪]描绘人的特征,但是不受限制的欲望总想"拥有更多"(pleonechein)好东西,比现在已经得到的更多,还要比别人拥有的更多。pleonexia 不限于财富,尽管忒拉绪马霍斯本人特别看重财富,强调不义的人通过骗税、损公肥私等方法要比正义的人"得到更多"(pleonektein,343d 以下),但忒拉绪马霍斯假设,比所欲求的东西更为重要的是,每个人都会在追求利益时[72]与其他所有人发生冲突。这一假设全面破坏了价值话语,因为任何知道自己的利益的人,都会选择有利自己、不利他人的言辞,只要他观察到任何对自己有利的可能。正如忒拉绪马霍斯指出的那样,这种观察对正义话语是决定性的;有关善恶、贵贱的辩论同样也会因为对自利的个人顾虑所扭曲。结果,关于这些事物的理性言辞所传达出来的,根本上都是自我利益的修辞。无论语境是政治的还是哲学的,logos 都不能被期待在什么值得、什么不值的问题上触及真理,因为关于这些事物的言辞反映了说话者的个人利益。而且在任何情况下,这一真理都无法对明智之士形成触动,他们主要关注的是如何增加自己的利益。

忒拉绪马霍斯的这套说辞表面上圆融贯通,掩盖了深层的自相矛盾。一方面,他以自己关于正义与不义的聪明的、透彻的、简洁的言辞为傲;另一方面,他对言辞与个人利益之关系的解释却损坏了任何公共言辞的理论有效性,包括他自己的言辞。可以说,忒拉绪马霍斯的 ēros 超越了个人身体对智慧的纯粹统治和智慧所赢得的荣耀,却对自己隐瞒了他和克法洛斯之间的区别。苏格拉底指出了这种自相矛盾,反驳了忒拉绪马霍斯,进而提醒他和克法洛斯在本性上并不相同。苏格拉底对忒拉绪马霍斯的作用是解放——使他有自由去追求他自己的教育,那种克法洛斯完全不能接受的教育。

苏格拉底的正义:logos 的力量

为了"驯服"忒拉绪马霍斯,将 logos 从沉默中拯救出来(这称得上是一桩英雄事迹了),苏格拉底必须要使忒拉绪马霍斯相信,追求正义和利益的真理对所有人来说都是有利的。这样的认可意味着,一个人要么知道、要么错以为,什么才是对他自己有利的。忒拉绪马霍斯轻易地承认了这一点(339c);毕竟,他所善用的修辞术就是为了帮人在获取利益的时候避免犯错。[73]在忒拉绪马霍斯和克莱托普丰的辩论中,这一认可的重要性得到了强调。克莱托普丰认为,可以采取一种激进的相对主义,排除苏格拉底头脑里的这类错误:"所谓强者的利益就是那些强者*认为*对自己有利的东西。"(340b,楷体为作者所强调)克莱托普丰在《王制》中只说过这一次话。他的沉默在戏剧意义上是合适的,因为他对这个问题没什么可以贡献的:极端的相对主义抹去了"是"与"看上去是"在价值问题上的区别。就像克法洛斯,他无法反思自己在最为重要的事情上可能犯下的错误。他过于远离哲学的拯救力量。①

---

① 克莱托普丰的哲学意义,参见柏拉图的《克莱托普丰》与洛克尼克(David L. Roochnik),"克莱托普丰之谜"(The Riddle of the Cleitopbon),载 *Ancient Philosophy*,第 4 期(1984 年),页 132–145。

忒拉绪马霍斯与克莱托普丰不同,强烈地展现出一种智识上的乐观主义,拥有并教授一种让人在清晰、明白的言辞中获利的 *technē* [技艺],就像是医术、算术和语文——这三项技艺明确地强调了身体的健康、财富和言语的构造(340d‑e)。他坚称,严格意义上的统治者不会犯错,"不可能犯错误,不可能为自己的利益制定错误的法律"(341a)。

但问题在于,统治的技术究竟会实现什么。苏格拉底将政治统治类比为医事与航海(参见 332c‑e)。忒拉绪马霍斯则将其比喻成牧羊:政治统治就是为了从人身上"剪羊毛"才存在的。苏格拉底此后宣称"真正的羊倌"是为了照管羊的利益(345c‑d),这个说法其实并不合适,甚至能够用来为僭主制辩护。羊倌追求的是让羊更好地产毛、产肉。一个真正的屠夫也是如此,对肉好的意思是将肉切得整整齐齐、烹调得有滋有味。但统治者是否应当像对待产肉、产毛的动物那样对待被统治者,还是采取其他方式?

正如苏格拉底指出,当前的讨论真正涉及了最佳的生活方式(344d‑e,352d),这是他和忒拉绪马霍斯的根本分歧。忒拉绪马霍斯认为,真正幸福的人必须颠覆政治共同体的整体结构,倒转"神圣与亵渎、私人与公共,不是一点一滴地,而是一下子全部地"(344a)。关于最佳生活方式的问题[74]在政治上最为激进也最能引起分歧(参见《游叙弗伦》,7c‑d)。它不能完全根据 *technē* 来架设,因为它先于技艺而存在:我们对生活或值得去过的生活的理解,决定了我们如何去使用技艺,并引导我们的社会合作关系。

苏格拉底对哲学话语的看法也包括了他努力施加给对手的正义观:他对忒拉绪马霍斯说,如果我是无知的,那么学习对我来说就是合适的(337d)。最终,苏格拉底让不义的支持者红着脸承认了自己的无知,进而给了他最为合适的东西——正义的知识(350d)。藉此,苏格拉底戏剧性地展示出正义的最高力量。特别是,苏格拉底迫使忒拉绪马霍斯承认,知识意味着有知识的人在已知的问题上达成一致。最终,知识是某种有利的东西,能够被普遍分享或持有。事实上,如果它不能被分享,那么就不是知识。因而,如果忒拉绪马霍斯真的拥有关于利益的知识,他就不能在与其他人的辩论中得到利益,因为他不会与那些拥有同样知识的人存在分歧。相反,因为忒拉绪马霍斯指出关于利益的讨论总是像战争一样激烈,这就意味着他并不拥有,至少并不愿意教授他宣称自己要去教授的那种知识。他之所以脸红,是因为苏格拉底使他看上去像一个毫无知识的人,要不义地欺骗别人用钱财去交换一文不值的教导。与之相比,苏格拉底更加聪明,也更加正义,教给了忒拉绪马霍斯真正有价值的知识,而且分文不取。

忒拉绪马霍斯的确从苏格拉底身上学到了东西,因为他认识到自己开始尊重真理,尊重因阐述真理而获得的荣誉,这种阐释远不是他自己的那套说辞,阐述方式也和他对自我利益的恪守直接冲突。忒拉绪马霍斯对不义的公然褒扬本身应当服务于他所理解的那些自我利益,但是苏格拉底却轻松地显示出其间的损害:如果一个老师宣称不可能传授知识,而且自诩为一个骗子,[75]那只有傻瓜才会给他交学费(349b–350b)。忒拉绪马霍斯对正义和利益的自利本性的那一番解释,并不能解释他为什么要公开地宣扬这套言论。或许可以由此看出,忒拉绪马霍斯并不聪明,但是他还是留下来继续参与对话,即便被苏格拉底打得丢盔弃甲,这就意味着他自己从中得出一个不同的结论——也即,对利益之本质,尤其是对追求善之知识的可能性和可欲性,他的看法是错误的。尽管他对人类生活的阐释在很多方面都比克法洛斯更加成熟,但是他最终证明自己优于克法洛斯是因为他既受到财富的吸引,也喜爱智慧以及智慧所联系着的荣誉。正如珀勒马科斯对自己所拥有的朋友感到得意一样,忒拉绪马霍斯对自己的智慧也很是骄傲,但也是这骄傲使得苏格拉底将他彻底战胜:他成了苏格拉底的"朋友",并且从此认为眼下这群人应该"去听听(苏格拉底)怎么讲",而不是"去勘探莫须有的金子"(498c–d,450b)。

血气与哲学

哲学在某些方面糅合了战争与和平。哲学需要对话,并以听和说为正义,因为哲学对话的活动有赖于同伴之间分享知识的可能性。苏格拉底将忒拉绪马霍斯转化成哲学之友,戏剧性地展示出这一可能性,并因而回应了阿里斯托芬质疑 logos 与自利的噪音究竟有何区别。出于同样的原因,苏格拉底对忒拉绪马霍斯的和平转变也显示出对封闭的、克法洛斯式的 ēros 的颠覆。但是,对智慧的寻求也像一场战争,有战则兴,无战则平。没有血气的哲人、不喜欢观念冲突的哲人,根本称不上哲人。第一卷中,苏格拉底的言行戏剧性地展示出[76]血气与自制的关系、勇气和正义的属性对哲学教育而言有多么重要。

第一卷也强调了血气本身是存在问题的。珀勒马科斯和忒拉绪马霍斯成了哲学的朋友,但他们并不是哲人。进而,血气出于自身的原因,与荣誉之爱、胜利之爱似乎是天然的同盟。但是在多大程度上,一个血气旺盛的人可以将他的抱负直接转化成他所拥有的智慧呢?带着这一问题,我们来看苏格拉底与格劳孔的相遇。

七　从头再来：苏格拉底的神话创作与哲学教育

第一卷展示了哲学话语的诞生,但苏格拉底坦陈,他只是提请大家更多地讨论灵魂的本性与值得去过的生活(354a-c)。第一卷尤其强调了哲学的可欲性难题。为什么哲学的生活——遑论正义且非哲学的生活——更容易倒向那种可以将 ēros 完全解放出来的非正义的生活？苏格拉底目前并未解决这一问题,因为忒拉绪马霍斯按照他自己的标准来看仍然不够不正义。他谋生的手段不过是教人诡辩术,而且平素也须以此方式说话,才能招徕到学生。因而他是弱势的,受着 nomos 的约束,而不同于僭主给人的印象。苏格拉底能否在更加不正义的对手面前,维护普遍的正义及其具化而成的哲学生活呢？

如果不是格劳孔这位"在方方面面都最具勇气"的人重新梳理了忒拉绪马霍斯对不义的辩护,并迫使苏格拉底继续这个讨论的话,后一个问题本来不会被提出来(357a;另参368c)。格劳孔要为灵魂中的正义力量讨一个解释。阿德曼托斯随后又拓展了苏格拉底的任务：与兄长的看法不同,他认为[78]必须批判希腊宗教传统中所有的神话成分。荷马与赫西俄德是对希腊人影响最大的两位教育家,他们讲述的神话首次为人类的善恶与合宜的人神关系提供了一个宏大的模型。但是,如阿德曼托斯所言,他们所建立的诗教传统在政治上并不完善,因而最终无法让公民们选择正义、否弃不义。阿德曼托斯在诗教传统中看到了雅典在后传统时代走向衰朽的根本原因。这一传统已经内在于苏格拉底的同伴们的意见与欲望之中,所以苏格拉底必须去对他们进行再教育。简而言之,他必须尽可能地解开城邦的神话正统设置的那些束缚。

为了回应格劳孔和阿德曼托斯的追问,苏格拉底别具一格地提出,要用想象力来重新发现政治共同体,于是便讲述了一个神话——

或者更为确切地说,是关于城邦演进的一系列神话。我将之称为"神话",不仅因为这些故事是为了在内容和教育效果上取代诗人笔下的传统神话,更是因为我们可以由这些神话进入到幻想的世界,这个世界所提供的视象对现实中的人而言既不可能也不可欲。但苏格拉底对这些神话的态度是复杂的,而且不带任何反讽,因为这些神话强调了人类灵魂的矛盾本性,因而也揭示了教育的悖论。进而,构造言辞城邦作为一项任务,就非常适合于当前对话的特定教育要求。苏格拉底主要是想将他的伙伴们扭转到正义和哲学的问题上,手段切合目的,重构维系政治共同体的 nomos 的约束,就是去重新塑造一个人自己的灵魂。

一般而言,猪的城邦、阿德曼托斯的城邦、完美城邦的不可能性与人性上的缺陷都植根于它们对 ēros 的非现实性处理。苏格拉底将伙伴们带入到构造这些言辞城邦的活动中,从而微妙地处理了它们的 ēros 和潜在的不义。比如,格劳孔的"传统的"欲望在"发烧的城邦"中得到了表达,这个城邦来源于[79]猪的城邦。这个城邦同时反映了格劳孔的灵魂和塑造其性格的雅典共同体的过热状况。为了帮助苏格拉底清除发烧城邦的病灶,格劳孔与同伴们将会间接地做出自我批评。自我批评的效果取决于他们能否在不动感情的同时又满怀感情:作为"立法者",需要超然外在于他们所批评的恶;作为建城者(founding father)或诗人,又要全情投入地设计他们的神话教育。

本章以下,我将探讨苏格拉底的神话城邦在政治和哲学上的暧昧性,以及构造言辞城邦所具有的教育品质。下面,就让我们从格劳孔和阿德曼托斯所提出的 ēros 难题开始吧。

格劳孔和欲望的僭主

格劳孔试图以智术师的不义观为基础推进论证。苏格拉底因而暗示,格英孔就像是忒拉绪马霍斯的孩子(368a;参见 Bloom 1968,页448 注21)。但格劳孔与苏格拉底的关系也较为特殊。他独自陪同苏格拉底下到佩雷欧斯港,并且当珀勒马科斯要求他们留下时,他毫无疑问想要听到苏格拉底讲话。他渴望听到苏格拉底如何谈论"最好的人"的问题,还作为苏格拉底的同盟反驳过忒拉绪马霍斯的观点(347a – e)。

正如在对话的开场中,似乎正是出于对格劳孔的某种特别关注,苏格拉底才留了下来。苏格拉底对格劳孔的情感可能与他在哲学教育方面的特殊潜力有关,尽管我们有理由质疑格劳孔究竟有多大的能力去追求哲学。色诺芬的作品为苏格拉底的动机和格劳孔的哲学潜力提供了一条颇为有趣的证据:苏格拉底曾经试图控制格劳孔对政治权力和荣誉的过分沉迷(《回忆苏格拉底》,3.6)。苏格拉底决定服从珀勒马科斯,留在佩雷欧斯,根本原因在于对朋友的忠诚。格劳孔对苏格拉底的忠诚,则无论如何谈不上是自发的;毋宁说,旺盛的血气和贵族的教养使得这位年轻人[80]拥有了强烈的欲念,要去追问什么才是最好的、最卓越的生活,从而在这个过程中产生了一种反思性的忠诚。

苏格拉底意识到格劳孔身处十字路口。尽管格劳孔为忒拉绪马霍斯的莽撞辩护,他那"最富勇气"的个性却反映出政治勇气和哲学勇气在他身上形成了一种不稳定的混合。"勇气"的古希腊文 andreia,字面意思是"男子气概",词根 andres 指的是政治共同体中成年男性成员。格劳孔尊重这种维系了政治共同体的男子气概的公民德性,但若不能由此引出最好的生活方式,他宁可放弃这种德性,尤其是受到了忒拉绪马霍斯的恩惠之后。在智识和道德上,格劳孔决不会驻足不前。要想在 nomos 和批判性思考之间保持平衡,他不可避免地要在智术师的不义和以哲学为基础的正义当中做出选择。

为什么苏格拉底认为格劳孔比忒拉绪马霍斯更具哲学勇气?答案就在二人对 logos 的不同态度。忒拉绪马霍斯的发言自相矛盾地表明,关乎利益、正义和高贵的哲学话语是不可能的——格劳孔非常恰切地形容为"被忒拉绪马霍斯吵得耳朵嗡嗡响"。格劳孔更加清晰地重述了不义的问题,从而需要对其进行更深的研究。但要注意,非常关键的是,对 nomos 进行批判性反思可能将我们带入僵局,如果苏格拉底的发言不能让我们走出困境,哲学勇气在实践层面上就无法区别于智术师对政治的粗鲁拆解。如果哲学不足以保卫正义,格劳孔就会选择一种精于矫饰的僭主生活。

格劳孔认为,苏格拉底就像是一位驯蛇师,编造了一条徐徐退去魔力的咒语,仅仅用修辞就让忒拉绪马霍斯这条毒蛇安静下来(358b)。格劳孔将会打破这条咒语,重新表达忒拉绪马霍斯的论证:"极端的非正义看起来就像正义,尽管其本质并非如此。"(361a)他的发言又分成三个部分:解释正义的本质和起源(358e－59b)、居盖斯指环的神话(359b－60d)、正义生活和非正义生活的对比(360e－362c)。格劳孔将自己的观点归功于"大多数人"的看法,实际上是要掩盖这种看法对他的欲望的反映,[81]同时也显示出他并不确定这一看法能有多大的说服力。对非正义的褒扬在哲学上和政治上都充满了毒性,因而关键的问题是,苏格拉底能否为格劳孔提供一剂有效的解药(参见 Derrida,页 118 以下)。

格劳孔先是宣称,正义令人颇费心神,从而本质上是不可欲的,只是由于因之而来的酬劳和好名声,它才是有用的(358a)。但是,正义的好处也能从不义中获取,这对于少数"真正的男子汉"来说非常容易,因此正义对那些"病弱得无法做不正义之事"的人来说才是可欲的。大多数的弱者和少数男子汉都会赞同,就本质而言,干不正义的事最有好处,身受不义又不能施加报复最为有害。人在本性上被 plenexia 规定,而 nomos 要求人"崇拜平等"(359c)。因为大多数人都无法做到最好,又担心面对最糟,因而同意遵循折中之道,既不干不正义之事,也免受不正义之害。nomos 因此是由弱者——而非忒拉绪马霍斯所认为的强者——所决定的。因此正义在习俗和法律上是最佳的,就其本性(nature)而言则只能是次好的:自然(nature)本身会为那些能做不义之事的人对不义做出惩罚。

居盖斯指环的神话彰显出"真正男子汉"的血气,也为不正义在 ērōs 上提供了证明与支持,从而在一定程度上描摹了格劳孔的心灵。但是这个故事也包含了深层次的批判,如果我们能够在它与《王制》之神话结构的关联中看到某些象征性的要素。

居盖斯的祖先为吕底亚的统治者放羊。这一低贱的血统和职业或许反映出格劳孔的悲观:很难有一种政治,不是对非自由臣民的控制。我们应该还记得,忒拉绪马霍斯将政治比喻成为食其肉、取其绒而牧羊。在大地上撕开裂缝的风暴与地震预示了牧羊人发现指环之后给政治秩序带来的暴力与剧变。牧羊人下降到冥界,在一匹青铜马中发现了一个高大得简直不自然的(unnaturally large)、赤身裸体的尸体,这个情节也加强了暴力破坏秩序的象征。那枚指环具有欺骗性的、破坏政治的力量,[82]这也是在青铜马中发现的。这就让人想起伪装大师奥德修斯设计的著名装置,希腊人钻进木马当中潜入特洛伊城,再悄悄地爬出来毁灭了这个城邦。

牧羊人的个性里有一种无所畏惧的好奇心、一种道德上的含混性、一种格劳孔和苏格拉底也都具有的奥德修斯式的品质。在动机和行动上,牧羊人在地下世界的游览有似于苏格拉底下到佩雷欧斯港的旅程:大地在他脚下裂开,"面对此景,他深感惊奇,于是走了下去"(359d)。但是格劳孔的故事直接挑战了苏格拉底的哲学思考,一个人初涉完美之不义的"奥义"(与哲学相对立),这一开端使得向最佳生活上升具有了可能。这一开端需要英雄的勇气,居盖斯的故事将之演绎为,在一个由令人恐惧的诸神所护卫的黑暗领域中,主人公从一个巨大尸体上盗得指环的大胆举动。牧羊人能当上吕底亚的僭主,就是这一盗窃行为的自然结果——没什么人够胆做这样的事情。

青铜马和指环都是人工的造物。它们的材质反映了"高贵的谎言",所谓公民灵魂的不同材料——金子最高等,青铜最低贱(415a)。有如忒拉绪马霍斯的统治technē,指环也是一个人工作品,代替了金子的或者说高贵的本性,也代替了完美城邦中达致此种本性的哲学教育:指环的拥有者能够获取政治统治权,即便他的灵魂由最低贱的金属制成。

格劳孔的故事实际上明显缺乏对灵魂的关注,特别是没有对个人生活加以审视的需要:对于指环拥有者而言,不假省察的生活毫无疑问是值得过的生活。那具裸体的尸体,就如欧里庇得斯笔下的波吕斐摩斯,是"赤裸裸的"身体ēros的一个巨大象征。柏拉图在这里展示了衣着与习俗之间的关联(参见452b以下):指环使人不必再按照习俗的规约去遮掩、限制自己的自然ēros。尸体之大暗示着ēros的完全满足:因为指环所传递的权力、欲望可以极力生长壮大。指环的多个侧面也似乎象征着一种超越了[83]人类政治存在的活法,格劳孔之后指出,这是神的活法(360c)。

格劳孔认为,大多数人都向往爱欲的满足,向往指环传说所反映的那种好生活。克法洛斯早先就发表过同样的见解。这个观点又因为指环的使用方法——把宝石座的一面向里转动——得到了强调。在这一语境中,向里转动意味着排他性的自我沉湎与纯粹的私欲满足。戴上指环,灵魂便具有了金质人的外形:通过将自己锁闭进未经驯化的激情(激情不限于身体性,也可以由身体的隐私和直观表现出来),就隔绝开了那些高于或超越于它之上的东西所带来的教育作用。由此可见,格劳孔所赞美的爱欲自由实际上是一种心灵束缚。而指环正是魂影的王国。

指环所释放出来的激情包括克法洛斯最为横暴的"发疯般的主人":牧羊人得到指环后最先做出的不义举动是与国王的妻子通奸。但是格劳孔的统治激情却是为了卓尔不群的荣誉,这在他对指环好处所作的解释中体现得很清楚。牧羊人通奸王后是为了合谋杀害国王。而且,在格劳孔所列举的善好当中,荣誉首先地、首要地要得到完美的非正义的保护:"他(不正义的人)首先在城邦中占据统治地位……接着,想从哪家娶亲就从哪家娶亲",而且"每当面临争端,……他总占优势"(362b)。

尽管格劳孔和克法洛斯之间有很多不同,但他们都认为人能做的最好的事情无非是获得金钱、性爱、荣誉与权力。这一关联中最令人吃惊的是,格劳孔将一个随心所欲、无恶不作的人称为"人中之神"(360b-c)。格劳孔认为,只要得到了那枚指环,没人不会如此行事,因为正义与不义一样,都是生活中爱欲自由的满足与完满,这才是最神圣的存在。之后,格劳孔确认了克法洛斯贿赂神明的观点:不正义的人比正义的人更能讨得神的欢心,因为前者丰厚的祭品"远为出色"(362c)。简言之,人向神顶礼,因其为不义之范型。

格劳孔的言论[84]于是重新开启了神圣之物的话题,并且为阿德曼托斯随后对上述范型之始作俑者——诗人——的批评打好了基础。

兄长的申辩

"让他站在兄弟身旁",阿德曼托斯首次发言时,苏格拉底这样说道(362d)。格劳孔和阿德曼托斯是亲生兄弟,灵魂虽不相同却能互为补充。格劳孔受到不义的强烈吸引,阿德曼托斯的性格则具足道德上的精巧。阿德曼托斯代表了格劳孔的需要:柏拉图又玩起双关的游戏,阿德曼托斯的名字就象征着,他即便得到居盖斯指环也会"坚定不移地(adamantinos)待在正义一方"(360c)。他并非不在意不义所带来的利好,而是对低贱感到厌恶。出于这一原因,他充满了道德义愤,抨击那些"粗鲁地"将正义与不义"头脚颠倒"的人。

阿德曼托斯"站在兄弟身旁",是为了将对格劳孔偏爱不义的责难转移到对诗歌-宗教传统的批评上去。令他尤其感到愤慨的是,大多数人和他们的诗人老师都在败坏年轻人,特别是那些像格劳孔一样的年轻人,"天赋(nature)上佳,能力具足,仿佛能够在别人说的所有话上飞来飞去,从中为自己找出结论"(365a)。

阿德曼托斯首先批评了长辈和诗人颂扬正义并不是基于正义本身,而是基于正义处世的名声所能带来的好处(362e-63e)。因此,正义本身并不关乎价值。事实上,阿德曼托斯由此把阿里斯托芬指向苏格拉底的矛头转到了诗人身上:即便是为了给正义辩护,诗人也没能将高贵的、神圣的东西与低劣的、卑污的东西区分开来。克法洛斯和格劳孔在解释我们与神之间的物质关系时,仅仅重复了传统权威的教导:从荷马和赫西俄德开始,诗人就坚称正义的名声可以从神那里得到"酬劳"。进而,厄琉西斯秘仪给希腊人的[85]教导是,人死之后——阿德曼托斯以轻蔑的口气说——"德性的最高酬劳就是让人处于永恒的醉梦之中"(363c-d;参见 Bloom 1968,页447注10)。此外,诗人与非诗人都会赞同神对好人的命运并不关心。如果一个人接受了宗教的驯化并热衷于献祭,只是因为受到了荷马这号人的教导,认为神是可以贿赂的。最后,也是最为重要的,诗人和格劳孔都认为,正义劳心劳力,而不义却轻松有甜头。嘴上夸正义,背后爱不义,人皆如此(363e – 365a)。

阿德曼托斯希望苏格拉底不要对格劳孔动怒,因为"凭以上所说的一切,谁还会下功夫,……如果他在灵魂、身体、金钱、家族方面拥有一定的力量,自愿地去崇拜正义,当他听到人们在颂扬正义,他不会发笑?"(366b – c)聪明的年轻人会从大多数人和杰出人士的言论中得到结论,最大的不义——伪饰以"德性的阴影画"(就像在洞喻中)——也要好过正义(365e)。最重要的是,他们会从中推测,神要么压根儿不存在,要么就是毫不在意人类的事务,或者神就像是 nomos,诗人们就持此观点("我们从他们这儿了解和听说,而不是从别处"),也就是说"通过祭祀、温和的恳求、贡品,神就能够被人说服、受人诱导"(365e)。在这些情形当中,只能认为没有人愿意崇拜正义,"除非某人靠神一般的天性鄙视非正义",就像阿德曼托斯本人那样,"或靠自己掌握的知识躲避非正义"(366c)。

阿德曼托斯为苏格拉底的任务展示出最大的清晰性。在《云》中,苏格拉底被刻画成一个腐蚀传统信仰的人,一个非正义的拥护者。在《王制》中,阿德曼托斯揭开了公民宗教的内在矛盾(公民宗教为最大的不义提供了神话模型,将仪式性礼拜也等同于贿赂,即便是在祈求正义),并要求苏格拉底去纠正被这个传统本身[86]粗俗地颠倒了头脚的东西。柏拉图的兄弟们施加给苏格拉底的任务,无非是详加解释灵魂中的正义与不义分别具有怎样的权力与作用,如此,运用 logos 去治疗灵魂,从而让那些像格劳孔一样聪明、有血气的年轻人——在他们天性中,有一半的禀赋更易受到不义的吸引——"自愿地崇拜正义"。

苏格拉底的灵感

苏格拉底先后两次宣称自己没有足够的能力为正义辩护(362d,

368b)。然而他也说,如果不对此做些什么,可能会犯下不虔敬的错误(368b),由此提醒我们,他的哲学活动与一种对神圣事物的深刻欣赏是无法分离的。很明显,这里要讨论的就是神圣事物的神圣性问题,因为多数意见和主流意见亵渎了神,将神刻画成了不正义的榜样(参见《游叙弗伦》,6a)。

苏格拉底鼓励他的伙伴们一起展开更为深入的研究(此后五卷都在讨论这个问题)。在阿德曼托斯的请求下,苏格拉底决定建立一个言辞的城邦,因为接受这个请求就意味着要从其开端对 nomos 加以重构:正如阿德曼托斯所观察到的,"从古代英雄(城邦的奠基者)开始……根本没人指责过非正义,也没人赞美过正义本身,除了赞美正义的名声和威望以及它们所招引来的种种礼物"(366e)。一个 archē 是一个"起源"和"统治权",也是一个"开端"。苏格拉底提议对城邦和灵魂进行哲学的考古。苏格拉底认为,要追究政治共同体的起源问题,他们就该先去寻找人类生活的 archē。通过从其自然开端处对政治传统的起源进行想象性的重构,他们要将 nomos 的土壤层层剥离,最终显露出 phusis 的基岩,之后以此为基础,再对迭累起来的习俗和法律做出解释。

[87]这个计划听上去非常可行,却并非苏格拉底真正热衷的想法。在《云》中,苏格拉底为了建造言辞城邦,歪曲了人类的天性,模糊了人与动物的区别。

苏格拉底的方法在一定程度上要为这种扭曲负责。苏格拉底哲学考古(philosophic archaeology)的指导原则来自理论上颇具实验性的"灵感"(hermanion,字面义为"赫耳墨斯的礼物"),也即,假设灵魂和城邦由相同的"字母"或元素构成。苏格拉底之后承认,他的方法不足以对灵魂进行理解(435c-d)。特别是,他的灵感在其核心的哲学假设上颇成问题。如果灵魂由字母似的元素构成,那么它本身就是——或者至少拥有——一个形式复杂的结构,对此结构的认识就是对灵魂的认识。要想获得这一认识,只需要"阅读"这些字母;如果灵魂本质上是一种字母或者一系列字母,那么就很容易给出一种关于灵魂的 logos。但形式结构——尤其当此形式是恒定不变的理念时(如苏格拉底之后指出的)——是缺乏生命的、静止不动的,而人的灵魂却是生机勃勃的、变动不居的。至少对于那些尚未因年老和肤浅而僵化的灵魂而言,人的灵魂充满了活力,而且形态丰富,既不同于理念,也不像动物的灵魂那样简单;它们永远不会达到圆满的终点,总是在不停地奋斗、探求、走向圆满。人类的灵魂在本质上是多面的:它具多种不同的外观,并因而能以多种不同甚至相互矛盾的方式进行"阅读"。仅就灵魂的 ēros 而言,它就处在不停的运动当中,向其运动所在的语境敞开它的开放性,做出反应。事实上,我们对《王制》的阅读已经表明了,这种开放性以及随之而来的非完满性,是人性的根本特征。因此,苏格拉底的灵感模糊了灵魂的爱欲特征,即便有可能让我们更加容易地获得关于灵魂的 logos。

苏格拉底对赫耳墨斯的依靠或许只是为了表明言辞城邦具有教育的指导性。赫耳墨斯的神赐在荷马的《奥德赛》中具有非常重要的意义:[88]这位神圣的信使预先警告奥德修斯,基尔克已经将他的同伴们变成了猪,还给了他一株具有防御力的草根,抵挡基尔克的污秽魔法。奥德修斯的同伴们之所以变成了猪,是因为他们自身卑贱的灵魂,在基尔克施展魔法之前,他们已经沉溺于声色之中,丢掉了一切回家的欲望和想法(《奥德赛》,10.234 - 236)。与此相似,苏格拉底或许正是要依靠这种灵感的阐释性作用,才能将他的同伴们从扭曲、放纵的 ēros 中,从丧失人性的僭主那里解救出来。

奥德修斯没能在离开基尔克之后直接踏上返乡之旅:他被迫先去卡吕普索的奥古吉埃岛(Ogugia),之后再去费埃克斯人的斯科里埃岛。与此相似,猪的城邦恰恰是哲学之旅的开端,而阿德曼托斯城邦和完美城邦也刚好对应上奥古吉埃和斯科里埃。在回家的路上,柏拉图兄弟们的城邦最多算是驿站,绝非旅程的终点。

在讨论神的问题时,苏格拉底指出,格劳孔本来无法完全理解他的观点(506e - 507a)。如果看不到奥德修斯的同伴们没有一个回到家乡,那么就无法理解,某些柏拉图的读者比起苏格拉底的同伴们,将会在哲学的返乡旅程上陪伴苏格拉底走得更远。

绘制航程:猪的城邦与发烧的城邦

像奥德修斯和他的船员们一样,苏格拉底和他的同伴们必须避开各种灵魂的危险。最先的两个城邦处在彼此对立的两极,最好的城邦必须在二者之间方能找到。猪的城邦以及居民的灵魂是"健康的"、秩序井然的,但是在 ēros 和 thumos 上存在根本缺陷,并因而不完全具备人的属性;发烧的城邦是现实中所有城邦的类型化结果,完全具备人的属性,然而在 ēros 和血气上是无序的、"发烧的"。苏格拉底和其他人决意要找到最佳城邦,或许只在抽象的想象之中[89]才能具足条件,兼备健康与人性。最佳城邦一定程度上要将 ēros 和秩序、节制协调起来:既是哲学的,也是正义的。但是猪的城邦与健康的城邦之间的根本对立很难在理论上找到一个居中的地带进而加以纾解,遑论在人性问题上互予融通。这两个城邦因而明确了苏格拉底的目标,同时也警告"健康的"城邦若要追求正义,其代价或许是要扭曲最为根本的人性。

在苏格拉底看来,政治共同体逐渐形成,"是因为我们之中没有一个能完全做到自给自足,相反,每个人生来就需要很多东西"(369b)。为了顺应"在理论上从头建立一个城邦"的需求(369c),可以将构成政治共同体的诸要素(根源于 phusis,可视为自然需求)独立开来、逐一审视。第一个城邦根据自然需求建立起来,所以它的秩序就是自然的,而非习俗的。因而可以从两个方面看到第一个城邦的 phusis:人类联合的源始需要,自然满足这些需要的基本方式。

苏格拉底在第二卷的后半部分提起了诗歌的话题,关键是要看到,他对古希腊诗歌传统的批判性重构事实上是为了着手建立第一个城邦。第一个城邦是苏格拉底对赫西俄德笔下黄金时代的改写。黄金时代是古希腊的伊甸园,初民生活于斯,得享自然的丰富物产。① 第一个城邦与黄金时代、伊甸园的区别在于,居民必须靠劳动过活,尽管它的神话特征也在于非同一般的自然供给,因而劳动者各司其职,各自承担必要的任务,就可以为共同体提供足够的物资。

第一个城邦满足了衣、食、住的基本需求,为物品交换而存在(371b),居民生活在节制、简朴的身体满足当中(372a - c)。这个城邦建立在劳动分工的基础之上,其根本乃在不同人适于不同工作的自然分别(370a - b)。劳动分工的原则——"一人一工"——是这个城邦的正义基础;[90]相互之间的需要将公民们联合起来,在这当中,既可以看到正义,也可以看到非正义(371e - 372a;另参423b)。

根据自然进行劳动分工,最终也会转变为阿德曼托斯城邦和完美城邦的正义基础(另参433b)。然而,在所有政体当中,自然、需求与正义的关系都会成为大难题。苏格拉底的基本假设是,正义就是让人去做最适合其天性的工作。因而,思维敏捷、体质孱弱的人适合经商;身体强健、头脑简单的人适合体力劳动,却无法成为合格的公民(371c - e)。但是,即便是如此简单的区别,也无法为政治秩序提供基础,除非人天生就能以正义行事。第一个城邦是非现实的、虚构的,从而就不是一个政治问题:就像在蜂巢当中,自然已经预先为共同体的每个成员都提供了一种性情,使之正义地从事自然规定他最适合去做的工作。而且,在第一个城邦中,自然为所有必要的工作都配备了恰好适合各项工种的大量劳动力,这简直是一桩神迹。因此,要想保证需要得以满足,必须符合最好的、最正义的工作分配:第一

---

① 赫西俄德,《劳作与时日》(*Works and Days*),109 - 120,载《赫西俄德、荷马颂歌与荷马史诗》(*Hesiod, the Homeric Hymns, and Homerica*),Hugh G. Evelyn - White 译,Loeb Classical Library, Cambridge, Mass.:Harvard University Press,1914;此后随文注出。[译按]中译参见张竹明译:《工作与时日 神谱》,商务印书馆,1997;吴雅凌撰:《劳作与时日笺释》,华夏出版社,2015。

城邦中不存在政府机构,但也不存在贫穷(往往是分工不合理的结果)和公民之间的冲突(372b – c)。

至此,可以看到苏格拉底像赫西俄德一样,将自然在满足人类需求上的作用加以神化。如此一来,苏格拉底便夸大了政治共同体中的正义所具有的自然基础,并因而对非正义的问题轻轻带过。但是,仍然更具重要性的是,苏格拉底试图回避非正义难题,这使他在描述第一城邦时压制了人类灵魂中爱欲和血气的天性。

格劳孔抱怨,第一城邦"光吃干饭,不加佐料"(372c),居民都是素食者(参见 373c)。如果说捕猎与肉食联系着血气、战争和对荣誉的竞争(《伊利亚特》中的超大型荤宴就是明证),那么第一城邦的成员就个个缺乏血气。共同体的成员中没有任何竞争,既不为荣誉对抗,也不为卓越奋斗。他们的欲望是简朴的;他们对性爱、酒食的欲求是节制的(372b – d);他们不受任何 plenexia 的束缚。因而,他们和平共处——苏格拉底[91]并没有解释他们如何避免被其他城邦征服,尤其考虑到他们没有军队——但是既不追求更不会得到因伟大的行动和理论而不朽。他们缺乏 thumos,意味着缺乏灵魂上的张力,因而在 ēros 上有着一种普遍的缺陷。无法理解不完美意味着什么,他们就不会有智性和艺术上的追求,不会有雕塑、绘画、诗歌、历史,当然更不会有哲学。

格劳孔将第一城邦恰当地比喻为"猪的城邦"(372d)。尽管城邦居民在身体欲望方面非常节制,但又在更深的意义上像极了奥德修斯的船员:他们已经"忘记"了(甚或从未拥有过)超越于身体之上的人类欲望。就像是动物,他们的 ēros 只停留在性的层面,未能拓展到更加宽广、更具特征的人的意义上。他们也无法通过牺牲仪式将自己和动物区别开来,包括食用经过烹饪的牲品。牺牲是通过仪式来重新确认神 – 人 – 兽的宇宙等级秩序:神与人都会使用火,而动物不会;动物和人都要果腹,而神只需闻到焚烧祭品产生的烟火香气(Vernant 1987,页 108 以下),然而,猪的城邦的素食者们只是"歌唱天神"(372b)。苏格拉底明显是说,没有世俗的天神和神圣之物的意义共享,也就不存在什么政治共同体。

格劳孔的性格象征着 ēros 和 thumos 的内在联系。这时他强烈要求"按照 nomos"(372d)给予猪的城邦以欢乐和其他奢侈的享受。这一要求产生出又一个共同体,很是贴近现实当中那些物质极大丰富的城邦(372e – 73d)。苏格拉底称之为"发烧的城邦",并与建立在自然需求基础之上的"素朴"而"健康"的城邦对立起来(372e)。但是,苏格拉底提醒,在思考这个城邦时,"或许能看清正义和非正义究竟是以什么样的方式从这个城邦自然生长出来"(372e,楷体为作者强调)。苏格拉底因而承认,发烧的行为来源于人类的天性,也就是说猪的城邦最多只显露出 phusis 基石的一部分。自然需求仅在一个较为暂时的意义上才是这个城邦的开端,对灵魂的政治活动原则而言也是如此。但是猪的城邦的非人性特征教导我们,我们原始的物质需要不是唯一的——当然更非决定性的——城邦与人类灵魂的开端。

[92]如果猪的城邦有缺陷是因为 ēros 和 thumos 的不足,发烧的城邦的特征就在于物质和政治上的病态。ēros 的解放带来了城邦诗人、史诗吟诵者、演员、合唱伴舞者以及各种"音乐"(mousikē)的制造者(373b)。由于 ēros 以 plenexia 为特征,又关系到"发烧"这个指示着非理性和幻觉的字眼,那么它就给政治带来战争的疾病(373e)。

在阿德曼托斯城邦里,音乐教育的内在紧张更加清晰地显示出 ēros 的难题。mousikē 包含了缪斯女神们主宰的所有活动——歌唱、诗歌、舞蹈、戏剧、绘画,以及雕塑。古希腊的音乐和身体训练(即"体操",gymnastikē)是 paideia(即政治教育)最主要的两项内容,城邦努力塑造公民的身体和灵魂,希望他们能为共同体的整体福祉提供最好的服务。① 音乐的前提是 ēros,因此对猪的城邦而言,音乐既不可能,也无政治上的必要。相形之下,在发烧的城邦中,音乐本身就是高烧。所以,尽管苏格拉底认可了传统 paideia 的一般结构,但是必须在建造阿德曼托斯城邦时对其内容进行彻底重构。然而,他

---

① 对 paideia 的深入讨论,见 Rahe,页 105 – 135。

并未说清如何改造音乐。一方面,苏格拉底将音乐视为对 ēros 的训练(403c);另一方面,我们已经有理由相信,人类灵魂就其天性而言总会产生政治疾病,正如会产生爱欲的疾病一样。进而,让人无法抵挡居盖斯指环诱惑的欲望滋生出不义,并不以爱国主义为限度的(参见 327a)哲学 ēros 则可能对良好的政治秩序构成威胁。苏格拉底努力医治发烧城邦的疾病,办法之一就是去抑制灵魂的 ēros。鉴于上述理由,这就不会令人感到意外了。

议题浮现:ēros 与 technē

苏格拉底对 ēros 的态度颇为矛盾,根本上反映了人类灵魂中的深刻紧张。如果 ēros 是僭妄的、不义的,就必须在城邦中加以抑制;如果它对"人之所以为人"意义重大,[93]又必须加以培植。阿德曼托斯城邦的教育很大程度上关系到限制与教导:如前文所见,以健康的政治信念教育公民,就像是驯化野兽、捏塑粘土、调谐乐器、治疗疾病、漂染羊毛。哲学教育则完全不同,因为它是一个更加主动、更富 ēros 的过程。然而,某个灵魂当中若是存在追求哲学的种子,那么它在一开始的时候就应该得到驯化、捏塑、调谐、治疗与漂染。苏格拉底引导着我们发问:如果没有得到这样的对待,灵魂如何避免爱欲的腐朽?当然也会有人反驳:即便得到了,此后它又如何能够学会独立思考?苏格拉底在挖掘格劳孔的哲学潜质的过程中提出了这些深刻的问题,并且贯穿《王制》始终都要与这些问题角力下去。①

与之相关的一个问题是政治的技艺。喂养、看护、制作的大量比喻都暗示出,阿德曼托斯城邦和完美城邦或许都可以被看作是在试验生产正义公民的技艺(参见 395b – c,格劳孔被称为"制作自由的工匠")。

---

① 苏格拉底处理这些难题的方法,见培知(Carl Page)《柏拉图《王制》中的真理与谎言》("The Truth about Lies in Plato's *Republic*"),载 *Ancient Philosophy*,第 11 期(1991):页 1 – 33。

此前对正义之非技艺性本质的思考意味着这些实验很难产生令人期望的结果。更大的困难来自开放的、爱欲的灵魂本性以及灵魂装扮出多种外观的能力：如果政治是一门 technē，那么它的对象能否被人认识（知道），具有固定的智识结构？苏格拉底说过，灵魂由一个字母或一系列字母组成（在 402a–d 处他还会提到这个说法）。这就等于是在提供结构，但是明显与此前所提到的其他的灵魂形象并不协调。

苏格拉底的技艺譬喻最终没能为灵魂提供一幅完整的图画。但是，我们也将看到，即便是这些譬喻相互之间并不协调，也能间接地帮助我们看到人类灵魂中自相矛盾的复杂性。

八　喜剧版双城记

发烧的城邦是属人的城邦。在对它进行清洁的过程中，苏格拉底以言辞开始了一段奇幻大陆上的奇幻旅程(odyssey)。但是，人类生活的现实并没有因此离开我们的视野，反而经常顽固地以惹人发笑的方式闯入到苏格拉底的故事当中。事实上，在阿德曼托斯城邦和完美城邦的建造过程中，幽默与粗鲁总是形影相随，让人不断想起阿里斯托芬的喜剧和《奥德赛》。这两座神话城邦既令人发笑，又让人厌恶。这种特性根本上源于在探索人类灵魂之奥义的过程中本身所具有的那种未经雕琢的质朴。

正是在其亦庄亦谐的界限内——这界限即便不属于苏格拉底的同伴们，也属于那些深思的读者——苏格拉底的神话 logos 为我们提供了最为丰富的哲学、政治和灵魂的教导。同时，也正是在思考那种令苏格拉底的同伴们服膺 logos 的教导力量时，我们或许最能领会苏格拉底教学法的真正特性。

驯服格劳孔：阿德曼托斯城邦

苏格拉底带领着格劳孔追问：谁适合成为卫士，如何教育城邦的卫士？根据[95]"一人一工"(one man, one job)的重要原则，苏格拉底坚称并非所有的公民都能成为卫士，由此对民主城邦的传统兵役制度形成了挑战。事实上，仅仅是给卫士们命名这样一个行为，就可以看出他对发烧城邦的改革了，因为所谓"卫士"意味着纯粹的防守姿态。

由于卫士们在天性上和格劳孔非常接近，所以苏格拉底实际上是让格劳孔思考自己所接受的教育。正如"一条品种优良的狗",卫士们必须反应灵敏、行动敏捷、身体强壮,尤其是要具备从旺盛血气中激发出来的气魄(375a-b)。格劳孔在375b处的誓言清楚地显示出他从中看到一种危险:那些野狗一样的人彼此"凶狠",并对其他公民施以暴行,有如苏格拉底所指出的那样,"温顺的气质和凶猛的气质大体上相反"。但是,凶猛的狗能够被驯化;那么,人也可以像狗那样,兼具温顺和凶猛的气质,尽管并非天性,但也"不违反自然"(375e)。

阿德曼托斯城邦反映了阿德曼托斯的道德戒律,因而适于驯化格劳孔的凶狠或忒拉绪马霍斯的天性。不幸的是,驯化不等于教育。苏格拉底对狗的使用就清楚地反映了这一点。在猪的城邦中,苏格拉底模糊了人与动物的区别,声称人和狗一样,要想做个好卫士,就必须成为热爱知识和智慧的人(375e-376c)。苏格拉底指出,狗对陌生人生气,对熟人友好。因为狗"凭有知和无知来区分什么属于自己,什么属于别人",所以苏格拉底认为狗热爱知识(376b)。但是热爱知识的人天生会受到未知事物的吸引(而非与之为敌)。事实上,这正是哲学勇气的标志。而且,狗的知识非常有限——它猖猖相向的人或许从未对它造成任何伤害,它温顺以待的人或许从未对它有过任何好处(376a)。

苏格拉底在此处同时提到了哲学与血气,这于《王制》尚属首次,由此强调了二者之间具有紧密的关联。但是他对哲学狗的反讽也首次提醒我们注意,真正的哲学教育和此类政治教育之间存在着巨大的鸿沟,后者制造[96]出那些自愿"为其 nomos 而战,有如为其城邦而战"的公民——正如前苏格拉底哲人赫拉克勒斯的描述(Freeman,页27:残篇44)。尽管表面上颇具革命性,但是苏格拉底对卫士教育的设想在最为关键的层面上仍然是保守的:他认同那种因古老而得到尊重的观念——好公民必须毫无置疑地顶礼 patrioi nomoi,也即每个城邦所独有的并将之与其他城邦相区别的古老习俗与传统(Rahe,页108-111)。对好公民的这一传统理解植根于情感,而非理智;它没有给哲学思辨留下任何空间,努力将灵魂扣留下来,不让灵魂触到那些超越于私有之物所构成的圆环之外的任何东西。与之相似,哲学思辨似乎会破坏好公民的概念,因为它让人保持开放,向着那些陌生的事物,那些使人反思自己所熟悉的事物究竟有何价值的事物。

制作德性:音乐与体育

像狗一样,卫士需要得到训练,才能对他们的同胞生出感情。卫士并不学习批判性的思考,而是被反复灌输以"正确的意见"(orthē doxa,字面义,"正统的观念";参见 Adam,430c 注),以便培育出适宜的亲近感(参见 402a,409b)。在这个过程中,首先就是对 thumos 加以节制,那么由天性节制的阿德曼托斯来参与讨论就没什么好奇怪的了(376b)。教育的第一部分包括音乐,其中最首要的部分是讲述虚假的故事。苏格拉底表明,在受到了虚假故事的教育之后,卫士们才会进入体育训练(377a:"这就是我刚才说的意思,我们必须先从音乐着手,早于体育")。真实故事的教育明显留给了完美城邦的哲人王。

让我们在后面这点上稍作停留。苏格拉底恰当地选取了讲给孩子们听的诸神与英雄的故事开始进行批评,因为"每一项工程的最重要的部分是开头,……就是在这个时期,他最容易改变,人们想用什么模子给他定型,他就属什么类型"(377a–b)。有鉴于此,苏格拉底和阿德曼托斯必须监督神话的制作者,以确保他们的故事只包含[97]高贵和善的模子,因为孩子们吸收进观念当中的东西"往往会变得难以祛除、难以改变"(378d)。删改这些故事的原因并不在于它们是虚假的,而是在于它们的模子是坏的和低俗的。苏格拉底谴责所有的谎言都"不高贵"(mē kalōs,377d)。事实上,苏格拉底之后又声称:"我们不知道那些古代的事件如何包含真实的东西。"(382d)由于被质疑的古代事件都是神与英雄的事迹,苏格拉底实际上认可了,我们并不知道关于诸神与英雄之天性的真理。在同一个语境中,他重申了检验新故事的标准是"有用"(382d)。

苏格拉底和阿德曼托斯的改革相当于用高贵的谎言取代了低劣的谎言。这些改革预示着"高贵的谎言"本身,因为苏格拉底提醒我们,"当孩子们长大了",诗人将要不断地编出这样的故事(378c - d)。事实上,苏格拉底告诉了阿德曼托斯一个高贵的谎言,因为年轻人接受苏格拉底的观点,即他们正在制造的这些模式构成了真正的神论(theologia,379a)。

苏格拉底先是攻击了诗人对神族父子之战的描写,因为血气旺盛的卫士们首先要接受的教导是,不能愤怒、粗野地对待自己的父亲、自己的父邦、自己的公民同胞(378b - c)。即便赫西俄德真实地讲述了宙斯向克洛诺斯开战的故事,苏格拉底还是认为,"应该保持最大的沉默。如果真有某种必要讲,就让极少数人听,要他们先发誓保密,并且进行献祭,不用猪而用某一又大又稀罕的牲口做祭品"(378a)。这一段指涉以猪为祭品的厄琉西斯秘仪(参见 Adam,378a 注)。苏格拉底因此预示了进入到完美城邦之哲学统治者的真理,这些统治者将不得不认识到侵犯与冲突是人类天性中难以驾驭的因素,而且更一般地说来,关于宇宙秩序的说法也很成问题。与此相似,苏格拉底坚称,将诸神说成是恶的原因"既不神圣也无益处";他忘记说这是虚假的了(380c)。

[98]苏格拉底的神或诸神——他一直没说清究竟是一个神还是多个神,或许是因为复多将会导致分歧和冲突(参见《游叙弗伦》,7b以下)——几乎无法与理念相区别。神从不"与他自己的形式(idea)"相分离,并且"永远单一地处在自己的原形中"(380d,381c)。由于神也缺乏美貌和才华(virtue)(381c),也就没有 ēros(参见《会饮》,200e以下),苏格拉底和阿德曼托斯似乎是以立法的方式——并非证明的方式——表明,神是一切善的原因,而与恶无关(380c)。苏格拉底之后将会提出,诗人不得声称神或英雄可以因贿赂而放弃原则(390e;参见 408b - c)。最后,神从不说谎——尽管其本身就是苏格拉底的杜撰——因为他无须对敌人或疯傻的朋友说"有用的"谎言:神无所忧惧,而且也不是疯子或傻子的朋友(382d - e;参

见 331c）。①

如此一来,苏格拉底就净化了诗歌-宗教传统中的非正义和欺骗性的变化,而后者正是格劳孔在居盖斯指环传说中所赞美的"活像人类中的天神"(360c)。讲给卫士们的故事必须能让他们尊重神与祖先,而且使他们彼此也能友好相处,在讨论过这一点之后,苏格拉底继续在第三卷中谈论能够激发出大无畏精神的神话类型。他的计划再次得到了此前对话的指引:克法洛斯将正义具化为诗人所表达的那些恐惧。

在讨论勇气形成的过程中,苏格拉底以一种矛盾的方式使用了"制作"的比喻。此前,灵魂被刻画成某种可以戳上印章的柔软物质;现在,它的 thumos 又被描述为不可被恐惧的颤抖过度加热而导致其软化的金属(387c;参见 411a–b,以及 Adam,387c 注)。进而,thumos 被假定是"不可变易的"(375a),也就意味着它不能被加盖印章;与之相反,如果能够被加盖印章,它就不是"不可变易的"。此外,我们并不明确,音乐教育是否能够等同于体育锻炼和医术——也即生产健康和治疗疾病:苏格拉底现在认为,统治者可以撒谎说自己就像是医生,而公民们就像是病人(389b–c)。苏格拉底之后对体育的讨论仅仅是在加强这种含混性:尽管锻炼意味着维持健康,为了保持政治上的健康而使用医术,这一思考才是说明体育的主要依据。事实上,《王制》中第一次出现 politikos(statesman,政治家)这个词就是在描述阿斯科勒比奥斯,这位医术的创始人遵循政治对有用公民的需要,只是节制地使用他的技艺(407e)。在苏格拉底看来,阿斯科勒比奥斯并没有把所有的药方都传给后代,因为他知道对那些不再能够为城邦服务的人来说,最好不要让他们苟延残喘下去(406b–c)。因而,在对身体和灵魂的政治关怀方面,医术和审判是一致的:法官治疗生病的灵魂,杀掉其中不能治愈的,医生对身体也做着同样的事情,二者都指向公民的劳作(409e–410a;参见《高尔吉亚》,464b–466a)。

---

① 苏格拉底对传统神学的批评呼应着色诺芬与帕默尼德,参见 Freeman,页 20–24、41–46。

苏格拉底关注的是如何避开那些相当于灵魂之病痛的事情:对身体和财产的过度牵系,以及对其自然结果的过度忧惧。克法洛斯活得像个身体的奴隶,而高尚的人(the decent man)害怕奴役甚于死亡(387b)。由于自足,他不会再去过度哀挽亲人的离世或财产的损失(387e)。而且,他对身体也没有太多挂怀,因为他节制了食色的享乐(389d-e)。

苏格拉底在这里强调了终日乾乾的冷静自持(self-possession)。自持根本上与克制、自我控制、勇气相联系。为了生产出高尚的人,只要是在描述死亡的恐怖景象,描述诸神和英雄或沉溺或赞美享乐,抑或将他们作为嘲笑对象(有似于以恐惧的颤抖软化血气),这些诗歌就必须加以禁绝。尽管可以接受那些轻蔑的、自我节制的笑声,但是喜剧这个艺术门类明显是非常危险的(388d-389a)。

但是,克制与勇气的关系存在一定的麻烦。很明显,统治者的克制不同于被统治者的克制:苏格拉底指出"对多数人来说"克制包括顺从统治者(389d-e)。更为重要的是,节制似乎与thumos相对立,而thumos又是勇气的基础。那些最富血气的英雄——阿基琉斯、埃阿斯、阿尔喀比亚德——一个个激情澎湃,很少听命于神,[100]遑论于人。这样的人特别容易骄傲,容易犯下狂妄自大的错误。苏格拉底反复指摘阿基琉斯对帕特洛克勒斯用情过深,不把诸神和统治者放在眼里(388a,390a,390e-91c),而将奥德修斯(虽然没有明确提到他的名字)视为"人类中最聪明的那个",称赞他的坚忍(390a,d)。奥德修斯是自制的,但是在战场上是怯懦的;此外,阿基琉斯是个讲真话的人,而奥德修斯是个聪明的谎话精,善于说谎仅仅在统治者身上才是一个可欲的品行。① 苏格拉底一定程度上要在被统

---

① 有关奥德修斯的怯懦,见《伊利亚特》,8.90-98,以及索福克勒斯:《埃阿斯》,行1-88。奥德修斯将船停在特洛伊岸边,最为生动地表现了他的天性:奥德修斯的巨大的黑壳船/那条船停在营中央(dead center),两翼都能听见,/一端立着特拉蒙之子埃阿斯的营帐,/一端是阿基琉斯,他们把平稳的船只/停驻在最远处(《伊利亚特》11.5-9)。有关阿基琉斯爱讲真话,参见《伊利亚特》,9.308-314。

治者当中将奥德修斯的性格与阿基琉斯的性格糅合起来,勇敢又不暴躁,自制而且真实。这些灵魂的属性或许真的无法相容。狗的例子已经没什么作用了,因为没人指望能发现一种动物,血气旺盛,又对食物和性爱保持克制。

自持的主题在苏格拉底论音乐的调式(392c – 98b)和格律(398c – 403c)时也发挥了关键的作用。苏格拉底先是区分了不带模仿的单纯叙述和模仿性的叙述,诗人使用后者时总是将自己隐藏起来,"就好像是说话者本人在说话一样"(393a)。模仿的诗歌是危险的,因为灵魂会"在模仿中陶醉于现实",以至于那些在诗歌中间接经验到的事物,在较为宽泛的"模仿"意义上,"累积在人的生活习惯和人的本性之中,影响人的行为、语言和思想"(395d;另参 605d)。谈论"疯癫、行为凶恶的男人和女人"(其实苏格拉底暗示这类人随处可见)的正确调式因而只能是单纯的叙述,在描述糟糕灵魂的同时避免带有感情地进行模仿(396a,e)。真正高尚的人只在谈论好人的时候进行模仿(396c – d)。因此,所有传统的诗人和演员都应在德性层面加以禁绝;阿德曼托斯严厉地表明,城邦只能接纳那些"正直之士的纯粹模仿者"(397d)。

正如勇气与克制相冲突,冷静的政治教诲也和哲学灵魂的塑造相对立。苏格拉底认为,在驱逐诗人的过程中,城邦也将自我封闭在一种神圣的智慧之外:有一种诗人"凭智慧(sophia)能够成为任何人,模仿[101]任何事物",他们首先应当被尊奉为"圣洁、神奇、充满魅力的人",给他们带上神的王冠,然后把他们送出城邦(398a – b;参见 Adam,398a 注)。若是意识到苏格拉底和柏拉图自己的叙述风格,这个说法或许就不是那么让人吃惊的。在叙述《王制》时,苏格拉底使用了叙事诗的混杂文体,进行了大量模仿,只加上一小部分单纯叙事。可以认为,按照阿德曼托斯的标准,除了他自己,苏格拉底模仿的所有人(包括苏格拉底)都不是"高尚的":苏格拉底狡黠多变,格劳孔、忒拉绪马霍斯、克法洛斯以各种方式为爱欲的疯癫和非正义代言。再者,柏拉图也是一个纯粹的模仿性诗人,柏拉图的对话"混合了所有已知的文体和体裁,在叙事诗、抒情诗与戏剧中任意穿梭,在散文与诗歌之间流转返盼"(尼采1967,页90)。作为作者的柏拉图和作为叙述者的苏格拉底都不得留在阿德曼托斯城邦里。那么,还有其他什么办法来唤醒、浇灌哲学的ēros呢?

唤醒ēros是苏格拉底讨论调式、乐器和节律时的核心问题。格劳孔于此又顶替了阿德曼托斯的对话位置(398c),或许是因为眼下的话题比之前更加贴近爱欲的激情。所谓调式,是指"共同表明某个类型音乐语言的一系列特征的组合:既包括音程的排列,也包括特定的音高、转调、音色、音强和音质,所有这些要素都显示出音乐作品的地域性与文化性"。① 苏格拉底在此大做文章,是因为他认为调式和节奏"最善于潜移默化地进入灵魂深处"(401d)。音乐是"至上的",因为它训练年轻的灵魂从某些事物中获得趣味(兴趣是我们的第一位老师,也是最好的老师),同时也厌弃某些事物,从而塑造了灵魂的ēros。好的音乐因此能够使人在年轻、尚不理解内在道理之前,"讨厌和憎恶丑恶的东西",并因此在成年时欢迎logos的到来(402a)。②

苏格拉底讨论出的结果是,城邦应当只保留这些与卫士的德性相一致的调式和节奏,以及[102]适合这类音乐的简单乐器。灵魂本身也可以看作一种简单的乐器,只具备两种功能:战争与和平。战争中需要勇气来"暴力"施展,和平时期则需要节制来"志愿"服务。因此,苏格拉底需要两种简单的音乐,一种训练勇气,一种培养节制(399a－c)。

在讨论体育问题时,苏格拉底进一步发展了他关于灵魂是一种乐

---

① 柯默迪(Giovanni Comotti),《古希腊罗马的音乐》(*Music in Greek and Roman Culture*), Rosaria V. Munson 译 (Baltimore: Johns Hopkins University Press,1989),页25;此后随文注出。

② 布鲁姆对音乐的教育意义做了非常优秀的评论。见布鲁姆(Allan Bloom),《走向封闭的美国精神》(*The Closing of the American Mind*)(New York:Simon & Schuster,1987),页68－81。[译按]中译参见战旭英译:《美国精神的封闭》,译林出版社,2007。

器的观点。体育锻炼对于卫士的身体是重要的,因为战争的"音调太高"。苏格拉底于此再度强调了卫士必须像猎犬一样(404a-b)。最好的体育锻炼和最好的音乐一样,也是"简单、切实的"(404b)。但要注意,体育锻炼的目的更多地在于灵魂,而非身体(410c)。苏格拉底认为,卫士的灵魂必须兼具两种天性———一为血气(thumoeides),一为爱智(philosophon)。这两个灵魂要素就像是两条琴弦,必须"相互和谐,各自将自己绷紧或放松到应有的程度"(411e-412a)。之前,苏格拉底提到,音乐有两种不同的类型———一如战争,一如和平——使灵魂或张或弛。这里他又暗示,音乐和体育都涉及对灵魂的爱智与血气的"协调"。没有体育的音乐会软化"铁一般的"血气,而没有了音乐,灵魂中求知的部分就无法"醒来"、不得强健,以至于"凭着暴力和粗野,像野兽一样"盲目地生活(411a-e)。

音乐与体育武装了灵魂的双重要素。苏格拉底以此暗示,灵魂中的血气与爱智必须分别在战争与和平时期体现为勇气与节制。但是,苏格拉底在灵魂中引入爱智的要素,其正当性并不能通过这一说辞证明。爱智的灵魂以求知为主旨,而不以勇猛、守纪行事。而且,苏格拉底将灵魂一分为二,反而将"勇气与节制如何并存于卫士身上"的问题更加复杂化了。最后,苏格拉底把灵魂比作一件双弦的乐器,这个比喻虽然新奇,但是并不具有更深的含义。如果非要作此譬喻,灵魂毋宁同时既是乐器,也是乐师与音乐。[103]音乐之所以能够用来比拟灵魂,因为它是流动的、变化的,而且在此意义上,是"活着的"。苏格拉底将灵魂比作一件乐器,仅仅是对其活跃的、爱欲的特征的抽象:卫士静立如一张里拉琴,只待琴师操演弹奏。

后面这个意象即便作为对阿德曼托斯城邦的一个描述,也显然具有误导性。苏格拉底指出,格劳孔已经参与到发烧城邦的净化工作当中(399e;参见404b-e),而这种净化却很难触及"发烧"的根源——ēros 和 thumos。从 thumos 的方面看,或许就足以注意到卫士停留在肉食者的层次(404b-c)。至于 ēros,苏格拉底指出最高贵、最美的东西也是"最可爱的(erasmiotaton)",由此将话题明确地带到402d。格劳孔熟悉性爱中"疯癫"而强烈的快乐(403a),马上提起了他所爱的男孩。① 苏格拉底回应道,爱欲的欲望应该是"节制的、音乐性的",而且和疯癫的快乐没有关系。但是他为同性爱关系提出的法律却明显承认城邦不得干预任何性接触。"一个人能对其所爱的少年朋友表示爱慕、一同相处、给予亲吻,如同儿子一样,为了美好高尚的目的,如果他能说服对方。"苏格拉底的说法掩盖了这样一个事实:父亲亲吻儿子,与儿子相处,并不带有任何性意味,也不需要依靠说服。进而,苏格拉底解释说:"(有情人)和他所关心的人只能如此交往,任何时候都不考虑(repute)他们的关系能跨越这些界限。"(403b,楷体为作者所强调)愤世嫉俗者会指责这一立法教人伪善——这是阿德曼托斯最为反对的无德行为。

苏格拉底的结论——"对音乐的讨论应该结束在讨论 ēros 之处"(403c)——只是为了进一步打开问题。如果音乐不能限制性欲,又如何能限制哲学的 ēros？若如苏格拉底在第九卷中所明言,哲学能够提供最为快乐的生活,它还如何是节制的呢？或者,对哲人而言的节制,就像统治者的节制一样,根本不同于被统治者的节制？

我们看到,苏格拉底及其同伴们的所言所行,更像是城邦立法者[104]而非诗人,他们将诗歌予以"理性化",进而重新定义了诗人。于此,我们便能对卫士教育的讨论下一结论。真正的诗人并不会遵循某个模板创作诗歌,这是苏格拉底对他们的主要批评。而且,苏格拉底坚持认为,诗人应该让文体(style)、音调和节律去符合语言本身,而不是像大多人所做的那样,采取其他的迂回方法(398d,399e-400a)。简而言之,苏格拉底将理性置于音乐的灵感和感情之前,颠倒了诗人创作的过程。苏格拉底对诗歌的真正起源有着非常深刻的理解:"诗人身姿轻盈,长有羽翼,富有身形,只有失去平常心智,得到神灵感召,精神脱离常态,神智(nous)不再清醒,才能作诗。"(《伊

---

① 有关长幼之间的同性关系在古希腊生活中的地位,参见 Rahe,页 128-135。有关格劳孔的同性恋倾向,参 474e-475a。

翁》,534b)①但是,在同一篇对话当中,苏格拉底强调灵感赋予诗歌以神秘性,对人的灵魂有着"磁石"的吸引力(《伊翁》,533d 以下)。比起那些由富有血气的音乐所产生出来的诗歌,阿德曼托斯城邦中没有灵感的诗歌是否缺乏这样吸引力,并因此无法有效地塑造人的灵魂呢?

苏格拉底的严肃质疑:高贵的谎言

　　随后,苏格拉底和格劳孔转而讨论应该由谁进行统治的问题。犹如能够保持音调的好乐器,统治者必须"拿出全部热忱去做他们相信对城邦有利的事"(412d-e)。苏格拉底从未说过,统治者必须拥有能够保证其拥有足够政治信念的理智判断(phronēsis)。事实上,统治者的关键德性恰是灵活的哲学判断的反面:他们必须具有顽强的忍耐力去维持信念,认定自己必须要做最有益于城邦的事情(412e;另参 413c,414b)。未来的统治者必须经受住恐怖和享乐的试炼——让人忘记一切的喀耳刻灵魂巫术(412e,413b-e),就如良驹不畏嘈闹、真金不怕烈火(413d-e)。苏格拉底随后将勇气——即坚守"正确的、合乎法律的信念(或意见,doxēs orthēs te kai nomimou)"的力量——比作上好的白色羊毛,在任何情况下都不会褪掉漂染的颜色(429d-430b)。

　　那些通过试炼的人可谓"完美的卫士",被当作统治者,享有各种荣誉和奖赏(在洞中也是如此);年轻的卫士则是他们的助理(414a-b)。但是[105]存在一个麻烦:人最为关心的只是他们之所爱,而人之所爱只是他们视为私有的东西(412d)。完美的卫士将会帮助说服卫士的助理和其他公民将城邦视为私有之物,从而防止他们甚至只是"生起念头损害"城邦(414b-d)。

　　所有的政治共同体都有一个关于起源的传说。作为阿德曼托斯

---

① 比较尼采在《悲剧的诞生》里对诗歌起源于"音乐情感"的讨论,与某种在苏格拉底模式中得到具体化的观念式理解恰成对立(页49;另参页55)。[译按]《伊翁》中译参见王双洪译,华东师范大学出版社,2008。

城邦这个更大的神话当中的基础神话,高贵的谎言象征着苏格拉底对诗人传统的重大改造。它糅合了诸多希腊城邦(包括雅典和忒拜)所共通的地生人神话(authochthnoy,见欧里庇得斯:《伊翁》,20,30;《酒神的伴侣》,1314 - 1315),以及赫西俄德笔下以不同金属区别不同人类世代的故事(《劳作与时日》,106 - 201)。公民们将被告知,他们所经历的教育看起来就像是一场梦,实际上是大地赋予他们形体与装备,因此必须像保护母亲和兄弟一样保护大地和同胞(414e)。此外,公民在出生之前,灵魂中被神掺入了不同的金属:卫士是金,卫士助理是银,匠人与农夫是铜和铁。据神谕说,一旦铁质人或铜质人成为统治者,城邦就会横遭毁灭,因此卫士必须全面监督公民灵魂中的金属(415a - c)。

高贵的谎言对自然禀赋的表现可与猪的城邦这个赫西俄德式神话进行比较:自然(或者神)塑造并标记了适合从事某一类政治工作的某一类人。如果说公民是自然资源,卫士就是矿工。苏格拉底并没有提及,除了卫士之外的任何人都看不到灵魂的金属质地,也没说[106]这里会产生一个难题,即卫士如何说服其他人接受他们的统治,以及安排公民各司其职的权威。这个谎言所具有的宗教权威体现在苏格拉底对这些难题的回应中:高贵的谎言意味着只有神对此监控,从而保证卫士得到服从。

高贵的谎言也预示着一个不必借助神话、更加强势的手段。完美城邦以此手段努力保障所有的公民和谐共处,如同血缘上的 *phi-la*。这种强势方法的必要性已经得到了证明。苏格拉底开始阐述高贵的谎言时,称之为"一个腓尼基人的传说",这是在暗指传奇的忒拜建城者、腓尼基英雄卡德摩斯的故事(414c;另参 Adam,414c 注)。这个谎言就像欧里庇得斯《酒神的伴侣》中卡德摩斯的高贵谎言的翻版。卡德摩斯的孙子彭透斯拒绝承认他的表兄狄奥尼索斯是神,对此卡德摩斯说:"即使他如你所说并非天神……你也该姑且承认他是。撒个高贵的谎……为的是将荣耀传递给整个家族。"(333-336)①更为重要的是卡德摩斯自己的故事。卡德摩斯杀死了一条龙,将龙牙种在了地上,就长出一群全副武装的武士来。这些地生人相互厮杀,活下来的五名成了忒拜人的祖先。② 在引诱并杀掉了不正义的忒拉绪马霍斯大毒蛇之后,苏格拉底就转而关注,"当我们将这些地生人全副武装起来时"(415d),如何去除掉卡德摩斯手下这些兄弟相残的武士身上的毒性。最大的危险来自卫士们的助理,他们很可能从牧羊犬变成野狼,残害他们本应保护的羊群(416a;另参415d-e,422d)。

遏制野性的最佳措施就是良好的教育。格劳孔坚持认为,在塑造城邦的过程中卫士助理们已经得到了这样的教育,但是苏格拉底表示怀疑(416b)。因此,他建议补充一些措施,以防"唤醒"卫士助理"对其他公民造成伤害",包括限制他们拥有私人财产、房屋和金钱(416c-417b)。值得注意的是,如果拥有这些财物会引起[107]卫士助理以其他公民为敌,"憎恨人又被人憎恨,暗算人又被人暗算"(417b),那么铜质人和铁质人——苏格拉底没有对之施加任何限制——就很有可能相互为敌。

保卫城邦:苏格拉底的喜剧式申辩

第四卷起首处,阿德曼托斯认为卫士助理们生活得并不幸福,因而要求苏格拉底对此进行答辩(419a-420b)。苏格拉底回应这个问题的基础是:城邦整体上是幸福的,不等于所有的阶层都会幸福,而且他和同伴们建造这个城邦终归是为了揭示正义的本性(420b-c)。苏格拉底在第四卷中继续完善阿德曼托斯城邦,将之当作正义的一个模板加以检视。

阿德曼托斯在对话中用了"申辩"(apology)这个词(419a,420b),意

---

① [译按]《酒神的伴侣》中译参见罗念生:《罗念生全集(第三卷):欧里庇得斯悲剧六种》,上海人民出版社,2004。

② 有趣的是,柏拉图《法义》中的雅典异乡人提到(663c 664a),立法者若要说服那些不尊德性的人,卡德摩斯神话是一个很好的范例。

味着苏格拉底一定程度上是在为哲学——特别因其不敬神——进行辩护。何以如此？我认为第四卷反复提醒读者注意,阿德曼托斯城邦要么无法维护自己的整体性,要么无法厘清德性的本性,最终在笑声中宣告失败,这恰恰对哲学进行了简洁的、喜剧性的辩护。按照传统观点看,高贵的谎言是谩神的,但是苏格拉底自嘲脱离了城邦,因而规避了(至少是拖延了)不敬神的指控。此外,哲学之真正本性的大体样貌在苏格拉底的讲话中若隐若现,像是一部擦去字迹却又留下笔痕的手稿。

苏格拉底在427c–d处告诉阿德曼托斯,他的城邦已经建立起来了。这里的光线阴暗,难以迈出下一步,苏格拉底说,"你得弄到足够的光"才能发现正义(427d)。格劳孔又插话进来,要求苏格拉底出手帮忙。这样似乎就能有足够的光亮来看清状况了：苏格拉底继续说这个城邦"很显然"是智慧的、勇敢的、节制的和正义的——格劳孔也说"很显然"——而且如果前三种德性能够在城邦中找到,那么剩余的部分"很显然"就是正义(427e–428a)。

苏格拉底随后指出这些说法中的荒谬之处。这些人在"优秀的判断力"和"捍卫城邦的技术"中定位到了智慧(sophia,429b,d)——苏格拉底承认："我不知道到底通过什么方法。"(429a)他的怀疑是有根据的,因为卫士[108]的教育仅仅聚焦于勇气和节制。这些德性与智慧存在很大的区别：苏格拉底之后解释说,勇气通过由nomos形成的、扎根在灵魂中的方方面面的意见而得以保存(429a–430c)。他评论说,这种保存起来的坚忍仅仅是政治上的勇气,随着一句"之后还会更高贵、更美妙地(kallion)谈论"哲学上的勇气,勇气的话题就此终结,并因此强调了在政治的paideia和哲学教育之间存在着紧张关系。但是,必须看到,哲人也具有传统意义上的勇气：对一个将欲望全部集中在"一切时间和一切本质"的人来说,生死也没有那么紧要(486a–b)。

格劳孔再一次显示出苏格拉底对神话的解读所具有的教育意义：苏格拉底问,他们能否跳过节制——格劳孔最需要从阿德曼托斯身上学到的德性——直接讨论正义,这遭到这位年轻人的强烈反对

(430d)。最后的结论：节制就是在"城邦或每个公民的灵魂当中由谁或由什么来进行统治"的问题上达成一致——尤其是"按规律（logismos），也受理智（nous）和正确意见（orthē doxa）的支配"。与勇气、智慧不同，节制并不限于城邦的某一部分，而是一种"被所有人分享"的"和谐"，并且能使城邦的所有组成部分"唱同一个调性"（431e-432a）。但是，由于只有卫士及其助理经受过节制的训练，我们或许会怀疑是否存在苏格拉底所谓在所有公民的灵魂中"低劣和优秀之间的共鸣"（432a）。事实上，高贵谎言之所以是必要的，很大程度上是基于自然能力差异所造成的教育差异。而且，我们已经看到，节制在统治者和被统治者身上的表现并不相同——遑论哲人。苏格拉底之后解释道，哲人对智慧有着强烈的 ēros，但也正是这种 ēros 使得他们在其他方面保持了节制（485d-e）。因此，像苏格拉底那样，将节制说成一种和谐，是具有误导性的，因为 harmonia 并不等于任何一种音乐对位法：公元4世纪以前的古希腊歌队既不是众声一调，也不是按照八度音程区分的多声部合唱（Comotti，页21）。

苏格拉底强调，阿德曼托斯城邦比目前所讨论到的正义问题的层次更加晦涩难解。除非我们像猎人一样彻夜蹲守，正义[109]就会有"消失在混沌之中"的危险（423b）。如此一来，城邦就无法持久地拥有正义。还有一种可能，除了目前已经发现的智慧、勇气、节制，再没有其他什么东西。就像在洞穴当中，立足困难（dusbatos），"阴暗难行"（432c，另参434e-435a，苏格拉底说为了看清就要点起一把火炬）。即便说论证的内在荒谬目前尚未明确地显现出来，苏格拉底指出，他和他的同伴们实在是"令人可笑"，因为没有一个人注意到正义就在他们的脚下"溜达"（432d；另参479d）。他声称，正义就是"做自己在意的工作"（433b），据此，阿德曼托斯城邦的每个组成部分都承担着相应的任务。

这个定义至少会带来两个问题。第一，很难说清在结束了之前的探究后还剩下什么东西。怎样将"在意自己的工作"和其他德性区别开来？卫士统治的智慧、卫士助理保卫城邦的勇气，尤其是城邦在整体上形成的节制,这些都等于是各司其职。第二,"在意自己的工作"不包括"管闲事"(polupramonein,字面义为"做很多事情",433d)。但是,卫士以德性管理着卫士助理生活的方方面面,也管辖着作为整体的共同体生活的大部;他们拥有一种绝对的权力,甚至可以侵入传统意义上的家庭私人空间(参见421e-422a,423b-d)。因此,说卫士只是在意自己的工作,不是很荒谬么?

苏格拉底对阿德曼托斯城邦的建造与辩护显示出灵魂的复杂性和哲学与政治之间的紧张。苏格拉底承认,当前的研究方法不足以正确地理解灵魂,因而需要"一条愈加长远的道路"(435c-d;另参504a以下,"愈加长远的道路"被等同于对善的研究)。在将城邦的意象应用到灵魂之后,苏格拉底告诉格劳孔"我们的那个梦想"——城邦应该为正义提供一个范型——"已经获得了最为完美的圆满"(443b)。这样的语词和《奥德赛》第19卷547行形成了共鸣,奥德修斯的妻子佩涅洛佩将她的梦解释为丈夫已经回到了家乡。在更为宽泛的意义上,苏格拉底提到的这个梦[110]是一个哲学返乡之梦。在苏格拉底得出的简单结论看来,这个梦现在远未圆满:"如果我们声称我们已经发现了拥有正义的人和城邦,发现了存在于他们之中的正义究竟是什么,我想,我们根本不像是在说什么谎话。"(444a)

佩涅洛佩在梦中得知她其实正在经历"不久就会实现的美好事情"(《奥德赛》,19.547)。格劳孔和阿德曼托斯在构建他们的城邦时也像那些梦到自己醒来的人。只有苏格拉底是完全"清醒"的,他知道这些城邦仅仅是人在梦到自己离开了洞穴之后,又做起了一个美好的梦罢了(参见520c,534c-d)。

走向海洋:完美城邦之旅

柏拉图的兄弟们已经被看作梦中人,由此我们必须承认苏格拉底完成了对他俩的教育:通过用哲学制造神话,他已经至少是暂时

(如果不是永久地)成功地将格劳孔塑造成一位节制的保护者,并且将同伴们的欲望全都引向了哲学。现实中的共同体与《王制》中塑造的神话共同体之间存在的距离,绝不会比下列狀況产生的偏差更大:第五卷伊始,苏格拉底打算接下去讨论正义政体的朽坏,但是他的计划又一次被打乱了。珀勒马科斯和阿德曼托斯重演了对话开头将苏格拉底扣留在佩雷欧斯的一幕,他们"抓住"苏格拉底,说他在论述中暗地里抽掉了关于妇女和后代生养问题的一段(对比 327b 与 449a - b)。政治大会的语言——投票并通过提案——也再次出现在这个语境当中(449d - 450a,对比 328b)。但是,在第一卷中,苏格拉底受制于强力与劝说的混合,从而向多数人的非哲学欲望表示了屈服。目前这个共同体明显是哲学性的:苏格拉底的同伴们,包括忒拉绪马霍斯,现在将他扣住明显是为了继续倾听哲学的 logos(450b;另参 472a - b)。他们想要学习的欲望混杂着对性话题的兴趣,这个事实并不会妨碍苏格拉底唤醒[111]他们的哲学 ēros。这反而凸显出:对苏格拉底即将引入的 ēros 施加的所有限制都具有非哲学的暴力性和非人性的荒谬性。

同伴们最强烈的哲学兴趣发生在全部论证的最低点上,这个低点恰好又是其不敬神的最高点。苏格拉底现在更加犹豫是否要继续下去,因为后面的言论将会比之前的更加可疑,尤其是考虑到其是否可能、是否善好(450c - d)。苏格拉底的想象加重了他的怀疑:他在第四卷末尾(反讽地)宣称 logos 已经到达了一个高处,而这里他又说自己必须沿着湿滑的道路向上攀爬,就像是从洞穴中上升(445c,450d - 451a)。上升的努力中也包含不敬神的巨大危险:苏格拉底预见到,论证将会使他"无意中成为一个杀人凶手"——包含了宗教污染的行为(451a;另参《游叙弗伦》,4b - c)。之后,他更为具体地解释说,他"害怕牵连有关拥有、培养妇女和孩子的法律"(453c - d)——他在第五卷提出了三波浪潮,其中的第二波就是宣称男人们应该对所有的妇女和孩子实施共有。(第一波浪潮出现在 451d 处,在 457d 处得到了命名,提出女人应当和男人一样操持所有事业;第二波浪潮在 457c - d 处加以讨论;第三波浪潮首先在 472a 涉及,在

473c – e 当中正式提起,哲人必须成为统治者,或者统治者必须成为哲人。)

苏格拉底说他要拜倒在阿德拉斯忒亚面前——暗指埃斯库罗斯的《普罗米修斯》("聪明的人们在阿德拉斯忒亚面前拜倒"[行 936])。这番话有助于解释他的担忧。阿德拉斯忒亚女神在古希腊神话中代表着无可逃避的惩罚、神圣报应的分配者,她惩罚所有冒犯神明和神圣律法的行为。因为第二波浪潮侵犯了乱伦禁忌的神圣律法(461e),苏格拉底就很有必要惧怕阿德拉斯忒亚了:建造完美城邦会造成对城邦的古代传统和神圣律法领域的双重冒犯。

这还不是全部。柏拉图在其他地方将阿德拉斯忒亚视为神圣的必然性或 anagkē,Adam 在其大作中认为这位女神或许在一开始就已经人格化了(《斐德若》,248c;Adam,451a 注)。必然性恰恰是苏格拉底——带着普罗米修斯的傲慢——试图在完美城邦中[112]加以克服的对象。在讨论第二波浪潮的时候,格劳孔提到几何中的必然性和爱欲中的必然性之间存在区别(458d)。格劳孔的评论非常恰当,因为对性爱加以规制,其真正目的是要将爱欲的必然性束缚在可计算的优生 technē 之下(参见 460a)。随着婚数的含义清晰起来,这一努力也就宣告失败了:城邦最终将向 ēros 无可避免的权力低头(546a – 447a)。① 苏格拉底对阿德拉斯忒亚的评论预示了这一失败,但是也暗示要想征服爱欲中的必然性,就得对神圣与圣洁之物犯罪。如果我们能够将阿德拉斯忒亚视为爱欲必然性的神圣化身,就可以完全理解苏格拉底对宗教污染的担忧。由是观之,爱欲中的必然性本身就具有相当的神性,以至于完美城邦对人类爱欲的系统性贬抑就是对我们当中某种神圣的、类神的东西进行攻击。

苏格拉底的同伴们的爱欲论,与第五卷中对爱欲的限制,二者间形成了强烈的对比。这一对比暗示,苏格拉底在建造完美城邦时的

---

① 参见阿里斯托芬的《吕西斯忒拉忒》(Lysistrata,作于公元前 411 年),剧中希腊妇女拒行房事,以此强迫男人们结束伯罗奔半岛战争。

不敬就在于对哲学本身的暴力。正如我们将要看到的,他以太阳、线和洞穴的喻象来解释哲学教育,从而就像是在《会饮》中的论证(201c以下),为哲学爱欲树立起一种精灵的(或半神性的)、居中不二的特征。在当前语境中,苏格拉底对不敬神的辩护又一次体现为他喜剧性地超然于城邦之外。但是,在阿德曼托斯城邦的问题上,苏格拉底对完美城邦——除了三波浪潮和哲人王的教育,与其前身非常相像——的态度非常复杂。或许我们可以说,苏格拉底严肃地讨论了第一波浪潮的可能与利好,但是对后两波浪潮就未必如此了。① 下文将主要关注后两波浪潮,尤其关注苏格拉底的言语之中所包含的阿里斯托芬式的要素。

第二次浪潮:非人化的 ēros

第五卷中包含着丰富的文学意象。离开洞穴、走向大海(453d)、被三波大浪重重拍打,苏格拉底和他的同伴们几乎就是在重演奥德修斯离开卡吕普索的洞穴、去往费埃克斯岛的旅程。② 由于"浪潮"(kuma)这个词也[113]指"胎儿",我们就可以说在第五卷中见证了完美城邦的阵痛。此外,苏格拉底在第五卷中经常暗指阿里斯托芬的喜剧和喜剧主题——尤其是《公民大会妇女》和《云》。③ 苏格拉底含蓄地承认,对完美城邦进行阿里斯托芬式的批评是正义的,在这个过程中,他将自己与 logos 拉开了距离。苏格拉底喜剧式地、反讽地超然于第二波浪潮之外,尤其预示了他在《王制》剩余的部分将会对哲学的虔敬进行充分展示,从而对阿里斯托芬做出彻底的回应。

---

① 海兰德(Drew A. Hyland),《柏拉图的三波巨浪与乌托邦问题》("Plato's Three Waves and the Question of Utopia"),载 *Interpretation* 第 18 卷,第 1 辑(1990):页 91 – 109;此后随文注出。

② 《奥德赛》中也提到了这样三波巨浪,见 5.313,366,以及 393;第四波浪头将奥德修斯推到了斯科里埃的岩石上,见 5.424 – 425。

③ 有关《王制》与《公民大会妇女》的类似,见 Adam,1:345 – 355。

苏格拉底说,他现在要去观赏"女人的戏剧"了(451c)。这在他的头脑中就是一部喜剧:使用"可笑的"这个词(452a-d中就出现了六次);在452d处几乎就是在创作一幕喜剧;将性、丑陋的身体等经典的喜剧主题引入对话。一想到丑陋的老妇也要裸体进行锻炼,格劳孔不禁惊呼:"宙斯在上。"(452a-b)这让人想起在阿里斯托芬的《公民大会妇女》(976以下)当中,老女巫们强迫一名年轻男子逐个与之媾合。该场景来源于这样一个事实:雅典妇女在强占了公民大会、要求对财产和妇女进行共有(和完美城邦的一样)之后,又颁布了一条法律,要求男人必须首先和丑陋的女人交合。尽管苏格拉底关注的问题是女性也可以成为卫士,也应像男人那样得到体育训练,但是他对裸体的老年妇女的评论必须要和他对人类在性问题上反映出动物性的强调联系起来。美与丑的爱欲之别,其理由关乎人性,无关动物性。同样,性的 ēros 在完美城邦中也和美无关,除非基于优生的考虑;从城邦的角度看,如果人真是从大地上长出来的,而且能够无性繁殖,那才是最好的。①

苏格拉底前后两次以相当长的篇幅讨论了女性卫士脱去衣服的问题(452a-d,457a-b;另参473e-474a)。脱掉衣服的意象是对第五卷总题旨的形象化,也具化了苏格拉底的发言(参见《泰阿泰德》,169a-b)。衣服作为一种人造物品,在传统观点看来破了就是一种耻辱(参见452c),而且密切地反映着流行时尚,因而象征着[114]nomos。相反,赤裸的身体就象征着 phusis。脱掉衣服意味着将裸体暴露出来,从而是剥离掉 nomos,显现出 phusis。这恰好是苏格拉底在第五卷中要做的事情,使立法符合(而非背离)自然(456b-c)。值得注意的是,苏格拉底的思考也紧密地联系着《云》里脱衣服的场景(行177-179、497-498、719、856-859、1103、1498),尤其突出了苏格拉底将人还原成不穿衣服的动物。假设第五卷中弥漫着

---

① 参见欧里庇得斯,《希波吕托斯》(*Hippolytus*),618-624;以及《美狄亚》(*Medea*),573-75。[译按]《美狄亚》中译参见罗念生:《罗念生全集(第三卷):欧里庇得斯悲剧六种》,上海人民出版社,2004。

阿里斯托芬的气息,苏格拉底对脱衣服意象的使用就可以被理解为含蓄地承认,将 phusis 观念当作第二波浪潮的基础根本不适合人类。我们也注意到,奥德修斯在从奥古吉埃去往斯科里埃的路上丢掉了衣服,对一个刚经历过类似于出生之转变的人来说,这是很恰当的举动(参见 Segal 1974,页 484)。

再次将卫士比作狗、将年轻卫士比作小狗之后,苏格拉底说男女之别在于"女人负责生育,男人负责交配"(454d-e)。在古希腊语中,"生育"和"交配"一般用在动物身上。卫士被当作狗和鸡来喂养,这两种动物也联系着苏格拉底在《云》中的教育(尤其见于行491、810、1430-1431),也当做马(459a-b)。对于完美城邦的目标而言,这不足以显示出人类的性爱欲根本上是动物性的:苏格拉底接下来指出动物的 ērōs 存在缺陷,其病征在于不加区别的交配。人若如此,就是无视城邦对最佳公民的需求,因而在政治上是非理性的。哺育人类的问题非常微妙,因为人类比动物更聪明。统治者必须大胆地让"谎言和骗局"像药物一样发挥作用,包括设计看似公正的抽签机制,确保最好的男人尽可能地与最好的女人交合,同时降低最差的人抽中的几率(459d-460a)。交合产生的后代将会被送去类似养育小动物的"养育所",母亲们被送去养育所则是为了像奶牛一样产奶(460c-d)。正如有些猫仔会被溺杀,不合法的婴儿以及父母超过正常生育年龄之后生下的孩子,都会被杀掉(460c,461b-c)。

苏格拉底坚持认为(没有加以论证),城邦的团结是最大的政治福祉(462a-b)。政治部门的主要事业有三:金钱、儿童和亲属(464d-e)。苏格拉底明显并不以为,高贵的谎言有能力让公民坚信他们共同组成了一个大家庭。因此就有必要拿出其他办法:消灭核心家庭和一夫一妻制度,孩子一出生就从母亲身边带离,设计一些方法以防母亲认出她们的亲生孩子等等(460c-d)。在回应格劳孔关于城邦如何防止父母与子女之间乱伦的问题时,苏格拉底承认,兄弟姐妹间确实很有可能发生乱伦(461c-e)。但是,他也指出,公民将**会最为紧密地团结在一起**,因为每个人都会将其他公民视为自己的家庭成员。他尤其强调,如果存在着共同的喜乐与痛苦,城邦就极为团结,而且,这样一种共同体——像极了"单独的一个人"——只有在一切共有、唯身体属己的情况下才能实现(462a 以下)。

我们已经观察到,对 ēros 进行几何学的控制最终证明是不可能的。这是否就是最好的,正如苏格拉底指出(450c),是非常可疑的(参见 Hyland 1990,页 97 - 102)。苏格拉底总是提到,完美城邦中被委婉地称作"婚姻"的那种性结合具有高度的神圣性(458e,459e - 460a,461a - b)。这当中似乎存在非常深刻的反讽。如果人类婚姻是神圣的,只能因其超越了动物的性行为。但是,性欲在完美城邦中被限缩成政治所要求的交媾,那么它就无法以任何惯常的方式超越自身。尤其是,它既不能对被爱者灵魂中的美产生更为深刻的认识,也无法带来家庭的亲密感。第二波浪潮将 ēros 缩减为肉欲,既伤害了 polis,也损害了灵魂个体,因为正是在家庭中最先培养出了那种一个更大的共同体所需要的情感牵系与德性(参见 Bloom 1987,页 47 - 137)。苏格拉底承认[116]公民间将会相互争斗,这反映出他怀疑完美城邦能够发展出这些德性和情感:在《云》中,斐狄庇得斯粗暴地对待他的父亲斯瑞西阿德斯,这种情形很有可能发生在完美城邦里。

哲人 - 神:第三次浪潮

苏格拉底称,要将一个现存的城邦转变为"最为贴近我们已经说过的"一种城邦体制,哲人王的统治或许是这个转变所需要的最小变革(473a)。他也提示可能需要不止一个变革(473b)。随后又指出,在塑造公民的性情时,哲人王将不得不效仿一位画师,先把城邦和人类的灵魂像一张画板那样彻底清理干净——"这可没那么容易",苏格拉底说(501a)。想象中的这个困难仅仅在他行将结束对完美城邦的讨论时才出现,他在那里细致地解释了哲人王要把所有年满十岁的孩子"送到农村去",同时按照正义城邦的原则来培育其他孩子(540d - 541a)。苏格拉底忽视了一个问题:哲人王必然会遭遇来自所有超过十岁以上的人的暴力反抗。20 世纪 70 年代的柬埔寨,红色高棉为了追求共产主义正义而清洗"腐朽的"老一代,采取了非常残暴的手段。这些手段代表了压制暴力反抗的方法。正义城邦中最大的反讽或许在于它的基础本身包含了大量的非正义行为。

毫不意外,苏格拉底对 ēros 的攻击拓展了他对哲人王之天性的讨论。正如政治城邦的保护神,哲人王没有 ēros:他们无须再追求智慧,因为他们已经足够明智。事实上,正是因为他们已经洞悉了何为高贵、何为正义、何为善的真理,才能给人类——男人或女人(540c)——塑造出最好的公民灵魂(484c - d, 500c - 501c, 520c)。就像是在呼应帕默尼德,苏格拉底解释说,那些最适合成为哲人王的人"抓住了那种永远按同一本性和同一方式存在的东西",而不会像其他人那样,"在始终按各自存在的方式而存在的大量事物当中"漫游(484b;另参479c - d,[117] Freeman,页 43:残篇 6)。事实上,这些聪明的人会尽力模仿并使自己看起来就像是理念一样(500c)。

正是由于完美城邦的哲人王"被描绘成已经抵达了在其他地方专为诸神所保留的认识论身位"(Hyland 1990,页 103),他们才能成为好的统治者:如果仍然像苏格拉底那样在漫游中追寻智慧,那么,自己灵魂中存在哪些德性,以及如何才能最为清楚地认识到这些德性,对于这些问题,就不能认为他们拥有最为敏锐的见识(484c, 501b,另参 Hyland 1990,页 104)。但是,假设哲人王能够兼具阿瑞塔王后的德性和阿尔基诺奥斯王的智识,比起那些神一样的费埃克斯人的统治者,苏格拉底更加接近漂泊、多变的奥德修斯。奥德修斯和阿尔基诺奥斯,哪一个最好地体现了哲人的品格呢?

奥德修斯式的讽刺与喜剧的伪装

在建构言辞城邦的过程中,苏格拉底的反讽比在其他任何地方展现得都更加明显。反讽中也加倍体现着煽动性:他不断将同伴们从不节制、不正义的僭主吸引力中拉向相对勇敢的、节制的、正义的哲学生活,同时也邀请他更为广泛的听众(包括柏拉图的读者们)去思考论证中各种缺陷所隐含的意味。其中的某些深意已经浮现在本章当中。

或许最为重要的是,苏格拉底已经间接地回应了阿里斯托芬对他的指控,即指控他扭曲了使人之为人的神圣品格。《云》中的苏格拉底专注于那些宏大的事物和细微的事物,但是毫不关心人类的灵魂。而且,他拥有数学测量的技术,但缺乏衡量善好的能力——柏拉图将这种能力视为 phronēsis,并将其描述为一种"联系着中道、适度、合宜、必要,以及一切以居中不二克得安置"的非数学测量(《政治家》,284e)。因此,他完全忽视了[118]人类 ēros 的神圣性。在建构完美城邦时,柏拉图的苏格拉底用一种相应于阿里斯托芬的手法处理 ēros,但就像先努力要带上一些不合脸型的、古怪的喜剧面具,转头又弃之不用一样。苏格拉底让大家注意到这些面具的丑陋,实际上是要展现他向那些智识上并不纯粹的欲望和情感开放着胸怀;他帮助我们欣赏到人类灵魂中神秘的美与混沌。如此也就展现出一切要在技艺层面、政治层面毕其功于一役地解决非正义难题的努力,其实都包含着非人性的荒诞。

最后一个面具——神圣哲人的面具——仍未揭开。对照《奥德赛》,摘下这个面具要等到苏格拉底从完美城邦的迷幻王国中返回故乡。这一返乡要在进一步研究哲学之本性时才能启程,涵盖了第五卷的剩余部分,以及第六、七卷的全部篇幅。尤其是,太阳、线、洞穴的喻象显现出苏格拉底哲思的"漫游"与斗争的特征。这些喻象描绘了错综复杂的 ēros 和生动的哲人样貌,进而否定了苏格拉底之前以哲学漫画的手法所描绘的完美城邦的超人统治者形象。这一形象正如阿里斯托芬笔下篮子里的哲人,"毫无闲心俯看人类事务"(500b‑c;另参《云》,行221、223)。

九　太阳、线与洞穴：哲学的想象与预言

理念与善是哲人的神。苏格拉底以之回应了自荷马、赫西俄德发轫而来的对神圣世界的诗歌诠释。按照苏格拉底的说法，它们也是灵魂在生命旅程中的路标，既是哲学探求智慧的起点，也是其终点（或目标）。苏格拉底对理念和善的讨论因而确证了哲学教育是可能的，并且阐明了它的本性。苏格拉底并没有直接谈论善，而是在第六、七卷中通过运用太阳（507c–509b）、线（509c–511e）和洞穴（514a–517a）的哲学比喻来阐明善的本性。这些对"拟象"（likenesses）或"形象"（image, eikones）①的观察在唯一一次关于善的"最重要研究"的谈话中凸显出来、联系起来。

本章将这次谈话当作一个整体，并对上述三个形象分别加以考察。苏格拉底以类似诗歌的方式构造喻象，是为了说明哲学视界的最高对象像什么，以及灵魂与这些对象的关系，而非以直接的、论证式的语言来阐述善、理念和灵魂。以此方式，苏格拉底提出了如下问题：我们抵达[120]善与理念的通道，其本性与限度是什么？哲学与诗歌又存在怎样的关系？这些问题在上述喻象当中（或通过这些喻象）得以表达，由此在构造喻象的同时又说明它们自身可以给我们带

---

① ［译按］本书所见 image 大致有两种用法：第一，指称以比喻手法拟制的形象，译为"喻象"，或简略称之，如"日喻"等；第二，主要在对线喻的讨论中，又被确认为灵魂以某种方式感受可见世界时所面对的对象之一，译为"形象"，其名词形式——也即对此"形象"的感受方式——对应着古希腊文中的 eikasia，译为"意想"。"喻象"与"形象"之间的区别较为微妙，译者为贴近文义，尽力甄别原文中的不同侧重。另外，也请读者遇到这**两个词汇时多加留意**。

来怎样的启示。

苏格拉底在谈论灵魂的"字母"或要素时,首次使用了 idea 这个词(369a)。与 idea 具有词源学关联的 eidos(form,形式)的首次出现,联系着与人类可以选择拥有的善的三种形式(357c)。但是在苏格拉底解释何为理念的第五卷以及开始讨论善的第六卷之前,并未加以深究。就让我们从苏格拉底的预备工作开始进入这个讨论。

哲人、理性与善

为了给第三波浪潮辩护,苏格拉底有义务将真正的哲人与他们的模仿者智术师区别开来(参见 487b 以下)。真正的哲人就像是格劳孔一样身上满是爱欲(erōtikos:474d)。真正的哲人是不知满足的求知者,是"热爱观赏真理的人"(475e)。理念首次进入我们的视野,与哲人的灵魂大有关联:他们是哲学 erōs 与哲学悟解(apprehension)的化身。

正义与非正义、勇气与怯懦,以及所有形式,按照苏格拉底的说法,本质上都是单一的个体,只是参与到身体、行动和其他形式(the Forms)之后,才看上去像是许多不同的个体。① 以此方式产生的繁多现象都是原初形式或理念的拟像(476a—c;另参 479a)。那么,理念就是事物单一的、不变的、源始的"相"(look)或"形式"(理念来自动词 idein,"去看"),藉此每个事物都拥有它自己独有的特征。哲人能够分别看到事物的本源与事物的形像,能够将二者区别开,作为热爱智慧的人又能在二者中都获得欣喜;非哲人则无法认识到源始的理念,甚至无法跟随那些努力引导他们获得知识的人,只是喜爱那些与智慧相对反的观点。哲人"清醒着",拥有"知识"(epistēmē);非哲人"沉睡着",拥有的仅仅是"意见"(doxa)

---

① [译按]在"形式"与"理念"形成同义关系的行文中,原文将"形式"大写,译文以楷体标出。

(476c – d,480a)。

[121]苏格拉底接下去解释,意见是一种易犯错误的力量,比无知"更明亮",比知识"更黑暗"。意见的对象也是同样居中:它们在知识的对象(完全地存在着、在各个方面均保持不变的理念)和无知的对象(非-存在,或根本不存在)之间"漫游",就像是我们努力要去把握的不稳定的信念(477a – 479d;参见 484b)。苏格拉底之后又将意见的对象等同于将要存在又转瞬即逝的可见对象,包括自然和人工的物体及其阴影、投射和拟像(509e – 510a,533e – 534a)。这些变化的、可见的、意见的对象,最终只是在模拟不变的、不可见的、理智的对象或存在(510a;另参 507b)。

苏格拉底在知识和意见之间所做的区分,也在他对善的讨论中扮演了关键的角色。再一次地,善并不以其自身出现在视野之中,而是出现在与人类灵魂之进取的关系当中。"当它成为好的东西时",苏格拉底指出,"没人会满足于只是根据意见是好的东西,而是寻求真正好的东西"(505d)。但是,尽管每个灵魂都关注、追求那些本身真正好的事物,那些一旦没有便不能从其他事物那里获得好处的事物,然而灵魂仍然对它究竟是什么而感到"困惑",而且"不能对它抱有稳定的信念(pistis),如同对其他事物那样"(505d – e)。善的理念——在它的启示下才能认识灵魂的善,一切事物只有通过它才能够有用、有益——因而不只是"最重要的研究",对人类的福祉而言也是最为必要的。此外,在哲人满怀热忱观看真理之时,这也是不可绕过的研究,因为若不认识善,就不足以认识理念本身(504a – e;另参 435d,506a)。

哲学想象:太阳与线

苏格拉底为何要以比喻的方式讨论善?他的解释大体如下:他并不拥有善的知识,仅仅有意见,但是他还是愿意谈谈[122]"什么看起来像是善的后代,而且在外形上极为相似"——他指的是太阳——"它已经超出了我们目前所能努力达到的范围"来获取这一意见(506b-e)。尽管看得如此明白,苏格拉底的进展却充满悖论。尤其引人注目的是,恰恰在这个柏拉图讨论善的文本的核心段落中,苏格拉底的言说方式似乎取消了哲人与非哲人的分野。苏格拉底若是能够区分 doxa 和 epistēmē 的不同能力与对象,他为何对善——哲学研究与学习的最高论题——仅仅具有一种意见?

更加令人困惑的是苏格拉底对诗人的模仿。苏格拉底在第十卷中批评诗人只是缺乏求知能力的模仿者,处在可理知之存在的"第三外围",他们在言辞中模仿的可见之物只是可理知之存在的图像(599a;另参597e)。但是,在《王制》哲学上升的高度上,苏格拉底自己似乎也处在他所说的第三外围,因而,他就在发言中用善的可见拟像——太阳——取代了他关于善的意见。苏格拉底真的是一个无知的模仿者么?或者,他的诗歌喻象为何就是哲学的呢?

太阳:预言与哲学阐释学

苏格拉底对太阳与善之关系的解释大致如下所述。太阳是"善的后代,善生了它,形状如同(analogon)自己"(508b-c)。如果说太阳是可见之物与可见之处的"神"、"主"与"王",那么善就"像王者一样统治着可理知之物的家族与处所"——也即,能够被 nous 所把握的万物之家族(508a,509d)。太阳和善,都是它们自己领地上的 arche("始源",参见510b)。具体而言,正如太阳为一切可见之物的生成、成长、繁荣提供能量,善也是一切可理知之物的在(to einai)与存在(ousia)的源泉。而且正如太阳普照可见之物,并给予眼睛以视见的能力,从而让人拥有了清晰的视界;善使知识(epistēmē)、理智(nous)、[124]认知(gnōsis)成为可能,是因为它将真理添加到可理知之物当中,将求知的力量赋予灵魂(见图1)。作为可见领域当中"生成"(genēsis)和生长的源泉,太阳本身并不生成;同此,作为理知领域中存在的源泉,"善并不存在,但是在力量和地位方面,它胜过存在"(509b)。

上述解释说明,整全(the Whole)作为一个鲜活的、可理知的实体,善正是其形成整体的源泉:它是将灵魂与可理知之物联系起来的纽带和"轭"(yoke),正如它的后代——太阳——将眼睛与可见之物连接起来(507e - 508a)。而且,由于苏格拉底两次提及太阳——古希腊神话中的赫里厄斯——是一位神(508a),那么很明显,作为哲学对人类神圣起源的重新阐释,善本身也应在某种神圣的意义上得到理解。

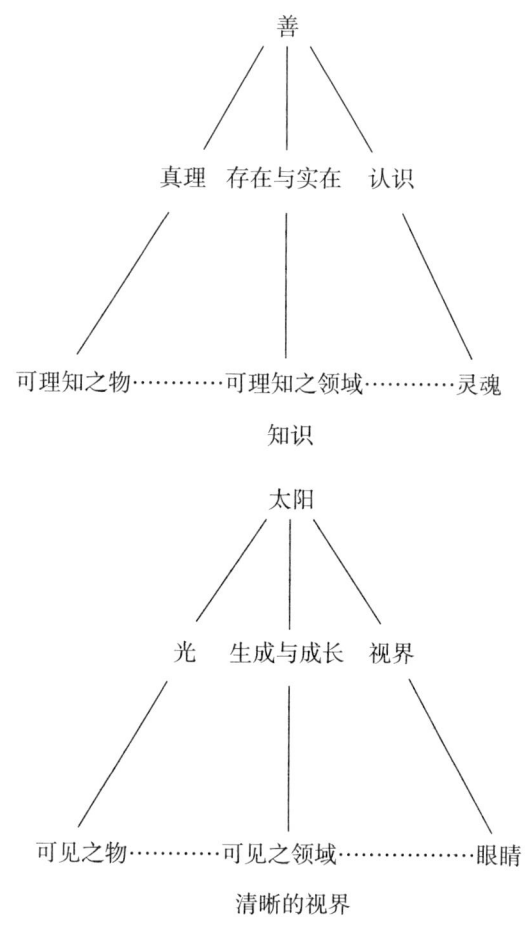

图1 太阳(第六卷,507c - 509b)

苏格拉底强调,善处在与灵魂的特殊关系当中:眼睛最"像太阳",或者说是"太阳形状的"感觉器官(508b),那么照此类比,灵魂就必须特别贴近善。为了保护真正善的东西,苏格拉底指出,灵魂必须清楚地从本性上把握它自身与理念的关系——特别是那些可以被当作其自身德性之尺度的理念(参见504a‑e,484c‑d)。在这一意义上,灵魂在善的光明中"观看"自身。而且,鉴于灵魂也不完全是可理知的,不同于"那些每一灵魂都在追求而且为之做一切的东西"(505d‑e),那么善的知识对于自我认识就是必要的。但是,灵魂也有可能因其对自身的关照而看到善:正如要想理解太阳的意义,就要看到它是光明与生命的首要源泉;要理解善,就要去观察与它相联系、为它所照亮、由它做archē的领域。这就是为什么苏格拉底并不对善本身进行讨论,而是通过与灵魂的关系以及灵魂通达可理知之物的方式来探究善。

　　有了这些观察,就可以着手将苏格拉底在506b‑e处的谨慎暗示解释成他并未明言的关于善的"意见"。简而言之,对灵魂或善展开研究意味着进入一个解释或阐释循环当中:要想充分地理解甲,先得充分地理解乙,反之亦然。[125]因此,自称对善的认识超越意见的水平,不过自以为是罢了。

　　太阳的喻象告诉我们一个明白的道理:必须通过被善照亮的东西的"映像"来接近善:力图直接观察善,会给灵魂造成损害,就像过长时间地盯住太阳,眼睛就会受伤。在苏格拉底看来,这一伤害或许就是指灵魂本身的盲目或遗忘(参见《斐多》,99d)。若不使用苏格拉底的间接观察法,就会在善面前丧失视力。这也使灵魂与理念有可能产生关系。但是灵魂和眼睛一样,对自身的直接观看,程度上绝不会超过对善的直接观看。在自身的言辞与行动中、在隐喻的喻象中,灵魂可以间接地看到自己,或是像在别人的瞳孔中看到自己眼睛的映像一样,在别人的灵魂中——也即在对别人言行的回应中——看到自己灵魂的"映像"。同样还是像眼睛那样,灵魂也无法断定,自我认识不需要对使它能够观看的光线——善——进行仔细观察。

　　后面这项观察会遭遇到一个深刻的难题:是什么维持了前述悖

论式的解释循环,而不使之沦为哲学的恶性循环? 如果我们还未装作已经完全回答了这一问题,我们可以看到苏格拉底提到了一种非宗教仪式化的"占卜",以及处在善与灵魂之关联中的"意见"。苏格拉底在第六卷中使用动词 manteuesthai["去占卜"]描述灵魂通往善的通道,尤其是他自己通往善的通道:就像灵魂"占卜到它(灵魂所追寻的善)是什么,但是仍然感到困惑,不能充分地理解它究竟是什么",苏格拉底"占卜到,没人能充分理解这些正义的和高贵的东西",除非知道它们何以是好的(505e,506a;另参 523a)。无论是否合乎宗教仪轨,占卜和预言都是某种先见,不像数学知识那样明晰、准确、确定。

格劳孔对苏格拉底的回应强调了我们对善的认识中所包含的"预言"特征:"你占卜得漂亮"(506a)。[126]苏格拉底占卜后,格劳孔立即问什么是善。苏格拉底无法说服格劳孔放弃那以苏格拉底所谓"丑陋"、"盲目"的意见为基础而提出的问题(560c),所以他同意先搁置这一意见,谈谈喻象中的善。但是苏格拉底警告格劳孔不要被他的比喻欺骗了,这意味着我们没有办法——假定是直觉的、"预言的"办法——去判断关于善的言论是否充分。苏格拉底的评论也强调,比喻所传达的意义——不比一个拟像更多——并不否认自己有可能带有错误的假设。在这一重要的意义上,喻象特别适合用来描述哲学的占卜。

第二卷中有一个段落与此相似,关注了理念与灵魂。苏格拉底决定在"意见"的基础上建造言辞城邦,而这一意见几乎等同于占卜:运气(godsend,hermaion)"也许"会让他看到,灵魂中的正义理念将会在城邦的"更大"字母中显得更加清晰(368c – 369a)。苏格拉底的谨慎言辞,以及他在此语境中对赫耳墨斯(沟通人神的信使之神,以他的名字命名了解释的艺术[hermeneutics])的指涉,并没有不当之处,因为他的方法在表面上形成了一个循环。尤其是,他建造言辞城邦的理由在于,灵魂难以看到自身(368c – d),但是要想进一步知道城邦似于灵魂,必须事先看到灵魂的外貌。苏格拉底提到了赫耳墨斯的礼物,由此澄清了城邦 – 灵魂之类比的内在逻辑:他假设城邦与灵魂之间存在关联,这假设并不是知识,而是一个值得检验的哲学预言。

宽泛地说,哲学预言包含在关于理念、善和灵魂的某个先见当中。有必要看到,《王制》之外的其他对话也强调了自我知识和善的知识具有神谕性、预言性的特征。最值一提的当属《会饮》:阿里斯托芬说,ēros 是灵魂在渴求已经失去的整全,沉溺在爱之中的人,他的灵魂"不能说,只能占卜,口占神谕,说出他之所欲"(《会饮》,192c, e)。苏格拉底紧接着阿里斯托芬,道出他[127]受到一位女预言者的启发,认识到 ēros 乃是一个 daimōn[精灵],能够向人类解释何为神圣(《会饮》,201d 以下)。苏格拉底关于太阳的言辞中也包含了某些具有宗教意味的喜剧化潜台词。当格劳孔认为善就是快乐,苏格拉底——这位哲学"奥义"的"传教士"——提醒他小心渎神,"挑些好的字眼说话"(509a);然而,格劳孔"非常荒谬地"嘲笑苏格拉底的最后结论——善最优越,也最有力量,"阿波罗在上,这是多么灵动的(daimonic)夸张啊!"(509c)这些言论为我们进一步探究洞喻的入教秘仪与预言做好了铺垫和准备。

接下来让我们大致考察一下,基于想象在人类经验结构中所扮演的基本角色,线的喻象能够给我们带来怎样的哲学预言。

"双重观照":意想与线

线的喻象起到了连接的作用:一头是有关存在和生成的世界中万物的"真理",一头是灵魂在与这些对象产生关系时所获得的"状态"或"感受"所各自拥有的"清晰程度"与"模糊程度"。线(如图 2 所示)因而将日喻中的主要元素整合到了整全的另一个形象当中。线上的第一个线段(BC 线段)也相应地代表着理知世界的存在,以及与可理知之物相联系的灵魂的"洞见"(noesis),而第二个线段(CA 线段)则代表了生成的世界当中的可见之物,以及与这些事物相联系的灵魂的"意见"(509d - e,另参 534a)。尽管被分割成线段,线仍然比日喻更有力地代表了整全的整体性:理知世界和可见世界由此被描绘为一条恒定线的不同部分。这线也强调了灵魂的状态与其对象的特征之间存在紧密的关系,因为同样的线对二者的拟像也是一样的。

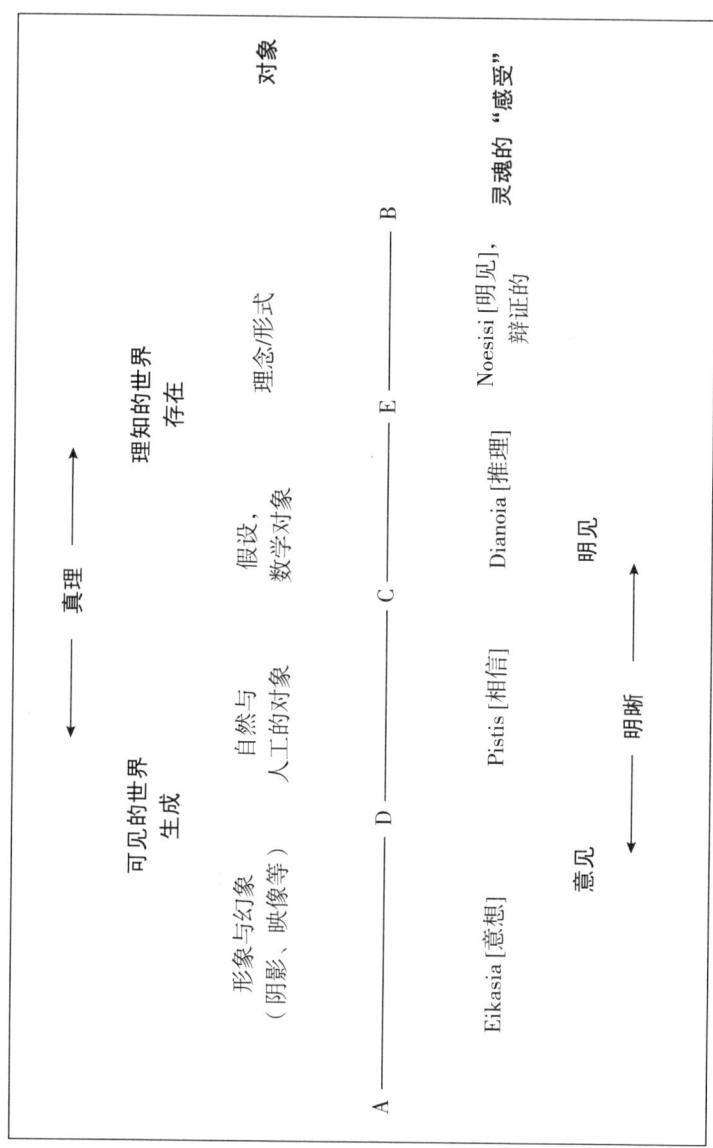

图2 线（第六卷，509c—511e）

线在两个维度上代表了整全:垂线由可理知之物与可见之物构成,灵魂与其对象的相对关系则水平分布。前文已经讨论过,这两个维度[129]的内在关系形成于贯穿《王制》而展开的哲学之旅的基本结构当中。现在,整全的连续性或整体性似乎也取决于将沿着两条轴线所分布的要素整合起来的想象性关系。线,就其部分而言,形象化地阐明了"意想"(eikasia),这种制造并认识形象的能力,可以使哲学教育带领我们"垂直"地走向源初。而洞穴将光线投射在心灵的模仿或拟态的"水平"现象上,从而使灵魂呈现出其对象的特征。

线上最底端的线段关乎"形象"(eikones)与"意想"(eikasia)。由于 DA 线段上的阴影、映像(phantasmata)以及相像(the like)都是 CD 线段上的基本的可见对象(509d-10a),线上似乎没有给并非可见对象之拟像的形象(image)留下任何空间。但是,这也意味着无法为日喻、线喻与洞喻找到合适的位置,它们不是可见对象的喻象,却是整全的喻象,而可见之物仅仅是整全的一个部分。正如克莱因(Jacob Klein)对线喻的讨论所揭示的,eikasia 拓展到了可理知的对象,而且能够有效地将线阐释为整全。①

CD 线段包含了自然的和人工的对象,灵魂对它们的经验是 pisitis("相信",510a,511e)。换言之,这些基本的可见对象是那些我们自然地投放信任的事物;它们看起来是稳定的、值得相信的,而且在这个意义上是"真实的",尤其是对比苏格拉底放置在最下方线段(DA 线段)上的可见之物的"幻象"或带有阴影的形象。事实上,苏格拉底将后一个形象也归为"幻象",这个归类解释了 eikasia 的一个重要特征:有能力理解形象,包括将这个形象就看作一个形象,而不与形象所呈现的原物相混淆(克莱因,页114)。克莱因指出,eikasia 允许我们"通过"形象去看到原物;因而想象是"一种双重观照"(克莱因,页115)。②

---

① 克莱因,页112-125。本书对线喻的讨论大大仰仗克莱因的分析。

② 双重观照联系着欧里庇得斯《酒神的伴侣》中的入教秘仪(行918-920),彭透斯拜倒在狄俄尼索斯的权威下,开始超越原有的传统视野,之后便看到了双重的影像。

CD 线段上的原初可见对象本身,被进行"推理"(dianoia)活动的灵魂当作是 EC 线段上(理知世界的最下方)的可知对象,[130]这就发生了所谓的"双重观照"。当思维进入相较浅显的可见世界,探究其中的理知却遭遇含混时,dianoia 开始发挥作用,从而需要灵魂根据"那些其本身只能在 dianoia 中看到的事物",来解释明显可以感觉到的东西(510e;另参 523a 以下)。由于灵魂从生成世界到存在世界的转向对追求智慧而言非常关键,苏格拉底随后着重强调,要在未来哲人的教育中通过数学研究来训练 dianoia(521d 以下;在 511a – b 处,dianoia 联系着"几何及其相关技艺")。

　　苏格拉底对 dianoia 的活动进行了如下描述:"一个灵魂,把前面模仿出来的东西当作是形象(image)使用,被迫以诸多前提为基础进行探索,它所走向的地方并非源头(arche),而是终点。"(510d) dianoia 所使用的这些前提,比如"奇数与偶数、各种图形、三种类型的三角形",是研究可见世界的基础。但是,这些前提本身不能用 dianoia 进行研究,反而是被当作人们以演绎推理获取结论的基础性假设。

　　dianoia 即"通过"(dia)"前提"(noein)思考——在第一个例子当中就是通过或依靠前提思考的。但是在操作 dianoia 时,灵魂也会通过从可见世界中提取出来的形象思考:例如,尽管几何学家"为四角形本身或对角本身的缘故做出推断,而不是为了他们所画的对角的缘故",但是仍然会在演算中使用三维模型或草图(510d)。由于这些形象——和那些处在最右边线段上的形象不同——旨在启发可见世界既真实可见又通达理智的基础,那么我们就要处理一种新的eikasia,一种"能够被正确地称作'推理的意想'(dianoetic eikasia)"(克莱因,119)。

　　最后,正是 eikasia 要求我们理解 dianoia 和反映在最顶端 BE 线段上理知活动的关系。这种所谓"明见"(insight, noesis)和"辩证法"的理知活动可以把握理念或形式。辩证法是一种[131]在对话中根据类型进行分类的活动。在概括线喻所传达的教益时,苏格拉底指出,dianoia 之于 noesis(或 episteme),正如 eikasia 之于 pistis

(534a)。换言之，dianoia 就像是位于最下方线段的 eikasia 的基础性力量，自己对应的认知对象不过是带有阴影的形象，而只有处在与更为高级的认知力和更高的认知对象的关系当中，才能得到充分的理知（参见克莱因，124）。dianoia 从前提到结论的"下行"运动反过来部分模拟了辩证法之明见的双重运动，哲人正是依靠这一双重运动最终在本质上把握了善的理型：在探查此前未加检审又为 dianoia 所倚赖之前提的根本基础时，辩证研究既能上抵善，又可下达理念（511b – c）。

克莱因指出，线本身以一种双重方式呈现了灵魂的哲学意想。当我们根据苏格拉底对格劳孔的教导，检验已经被分割成线段的这条线具有哪些数学特征时，推理的意想开始发挥作用（参见 Adam，509d 注）。但是线也是整全的喻象，而且就其本身而论，是"对苏格拉底以完全非几何学的方法构造出来的一个几何模型的运用"：线成为一张跳板、一块阶石，"引导格劳孔——和我们——去理解可理知之物与可见之物的区别，以及各自内部的不同层面"（克莱因，页 125）。

柏拉图再一次强调了人类经验中各个层面之间的内在联系。尤其是，线意味着《王制》所意想的上升与下降，无论是字面义还是比喻义，都是在模拟"上行"与"下行"的辩证运动，而正是这一运动定义了什么是最高的哲学活动。而且，太阳与线的喻象揭示出，灵魂朝向理念和善的"预言性"上升若有可能，则取决于意想能否与人类经验总体生发出各种各样的关系，因为这些关系允许我们，在某种意义上，"通过"那些已经呈现给我们的东西，去观看那些我们追寻的东西。其实不妨这样说，eikasia 就是哲学的预言能力。

logos 就其本性而言是意想性的：它意想是什么对象被看。故此，诗歌不能对批评保持开放，仅仅因为它是对喻象[132]之喻象的加工。事实上，苏格拉底——本身就是一个文学形象——经常使用这类"次生的"喻象：例如，苏格拉底提到的洞穴就是一个真实洞穴的喻象，而它最终又成为"我们接受教育又缺乏教育的本性"的喻象（514a；另参克莱因，页 125）。但是，这类诗性的或非诗性的喻象却向着批评开放。有些口传的或成文的喻象伪称自己源远流长，从而掩盖它们本身就容易出现错误的特性；有些则让灵魂驻足不前，不许它们进一步思考喻象当中的深意。最后，有些诗歌喻象或许更具预言性——或许更加充分地反映出人类生活中被哲人称之为理念和善的那些源始而神圣的基础。我们现在可以说给之前的问题找到了一个答案：柏拉图的对话录是哲学的诗歌，因为它们是煽动性的、预言性的，并且要求我们注意它们（仅仅）是意想性的。

洞喻也体现出诸多预言性与非预言性言辞之间的区别。正如另外两个喻象，洞喻也超越自身而指向对话整体，而对话整体最为充分地意想和展现了求知的行为。

洞喻与"位"的难题

苏格拉底告诉格劳孔要"做出一个喻象来比喻我们接受教育又缺乏教育（paideia）的本性"时，已是午夜时分，大家早就习惯在火光中看到彼此了。这一场景非常适合讲一个用黑暗与火苗等喻象来强调我们与善之初始距离的故事。我使用故事这个词，是因为洞穴不像太阳和线，是一幕各个角色都能参与的真正的戏剧。这一戏剧意味着要揭示出哲学教育的困难情景，以及对此情景有多大可能予以回应。洞喻进一步点出，政治共同体尤其是民主制城邦误以为是"教育"的那种训练——一方面是[133]大多数人的教导，一方面是智术师和诗人的教导——无法应付如下难题：政治共同体的习见领域（the familiar domain）能否以及如何在整全中寻找到适合自己的位置。让我们把这个问题称为"位"的难题。

"位"的难题隐含在苏格拉底的洞喻中，这个比喻令人吃惊地将我们比作锁在洞穴中的囚徒；当格劳孔说这个喻象以及这些囚徒"很是奇怪"的时候，这个难题又被明确地提了出来：古希腊文 atopon 的字面义是"不在合适的位置（异位）"或"没有固定的位置（失位）"。在最深的层次上，格劳孔的话指向了人类生活最初的、最常见的迷失，特别是政治共同体的"失位"——看不到"异位"的麻烦，看不到

"当位"(in place)的意义。可以预见,洞穴说明人类的政治栖息地在整全之中总是不完全"当位",因为其位置根据理念和善来确定,而我们在尊敬它们的同时,也与它们存在距离,甚至是一定程度上的脱离。这一喻象将城邦描绘成一个遍布无知、愚蠢的所在。在这样令人沮丧的背景下,洞穴引入了两类人——预言诗人与未经哲学训练的(apaideusia)哲人——他们试图通过与理念和善达成某种关系,进而维护那些可以被称作"在超然中定位"的人类位置。而且,洞穴将这两类在取向上非常相似的灵魂——二者以不同的方式向人类生活的源始而神圣的尺度保持开放——和智术师的封闭灵魂进行了对比。在洞喻对这三类灵魂和我们未经哲学训练的初始境况的描述中,在它将哲学与教育的并列、等同中,洞穴就像是一幅海报,预示着一部更为宏大的教育戏剧即将在《王制》中拉开帷幕。

囚徒之愚

苏格拉底要格劳孔想象一个洞穴,有些人"从小"就被铁链锁在里面。在这些囚徒的后方和上方有一堵墙,其他人(被墙遮蔽着)在墙上搬运着一些木偶似的人工造物以及人和动物的雕像。更远处有一团火,在火之后是洞穴的出口和外面的世界(514a–515a);外面也是人和"其他事物",比如动物,以及阴影和这些事物在水上的倒影(516a)。

[134]就像在日喻和线喻当中一样,通过想象,我们可以在洞穴与外部世界之间建立起一种联系——它们是整全的两个基本组成部分——人类方方面面的经验都存在于这两个领域当中。因而投射在墙上的影子就是"木偶"的形象,最终是外在世界的事物以及它们的阴影与映射的形象。但是,由于对洞穴的特别关注呈现了哲人从无知、愚蠢的政治共同体中站出来,太阳和线的可见世界与可理知世界现在被更为丰满地描绘成一个地牢般的洞穴和洞穴之外那个光明、美好的世界(517b)。而且,线对自然的、数学的关系的强调现在使我们有可能开始关心与人类生活直接相关的伦理标准,例如高贵、正义和善。

阿里斯托芬将苏格拉底的思想所描绘成一个阴郁的、封闭的、没有生机的空间,似乎是为了验证斐狄庇德斯的怀疑——哲学将健康的人折磨成了半死不活的废物(《云》,行 102 - 104、119 - 120、184 - 186、1112、1171)。柏拉图使用相同的象征手法,以幽闭的黑暗表现囚徒的境况——他们完全意识不到前述那种基本的想象关系,从而聪明地颠倒了阿里斯托芬的暗示。那些囚徒"和我们一样",苏格拉底告诉格劳孔。锁链将他们的头和腿牢牢固定,使其无法看到自己和他人,也无法看到墙上摆着那些特制的道具,只能看到下方被火投射在墙上的阴影(515a - b)。如果他们能够彼此交谈,苏格拉底补充道,他们就能把握住那些看起来会是"这些事物之所是"或"存在"(ta onta)的东西。① 他们将会认识到,真理"无非就是人工造物的阴影"(515b - c)。换言之,囚徒们认为阴影——他们唯一熟悉的对象——就是理念,因为真理和存在是理念的基本特征(508e,509b)。

在阐明了这一点之后,苏格拉底立即提到了囚徒的"愚蠢"(aphrosunē)(515c),这个词意味着人格与智识的双重迷失:aphrosunē 是 sōphrosunē 和 phronēsis 的双重匮乏。苏格拉底之后描述了某个囚徒[135]在通往洞穴之外、向上的旅程中遭受到的强制与痛苦,他称之为"从枷锁和无知中释放出来并获得了痊愈"(515c)。这些描述意味着灵魂最初习惯了或者说受缚于自己所感觉到的、理知到的对象(由洞穴中的阴影呈现出来)。已经走出了洞穴的哲人"模仿"理念(500c),囚徒的灵魂模仿阴影,而且被阴影塑造(参见395d)。囚徒的无知来自将阴影不当地认作人类灵魂的理知与爱欲的尺度。

由于它们的真理与存在,理念就是纯正、稳定的实体,灵魂就可以在其中找到支撑。因为理念"总是在各方面保持不变"(479e,另

---

① 关于这个例子,我参照了以下文本:《柏拉图全集(第 4 卷)》(*Platonis Opera*, vol. 4), John Burnet 编(Oxford: Oxford University Press, 1902);布鲁姆赞同亚当的看法,认为"他们本应把握住那些在他们眼前(*ta parionta*)经过而予以命名的东西"。

参479a),灵魂就可以将自己"固定"或"立足"其上(508d)。此外,灵魂对理念的清晰识见能够让它根据理念来塑造自己。苏格拉底指出,除了"看见"还要"抓住"、"交媾",这是为了指出,通过这一性比喻,灵魂与理念需要在一个变形的维度上发生关系(490b)。然而在洞穴中,囚徒们对哲学灵魂与理念之交合的无意识模仿却是低等的,因为他们错将阴影认作了理念。

苏格拉底指出,阴影是政治共同体中公共生活的喻象。在阴影中展示出来的行为显然是人类使用自然和人工的手法("动物"或"造物")去满足欲望的行为。而且,苏格拉底认为阴影的戏剧是按照习俗或常规方式推进剧情的,这就意味着在阴影戏剧中那些可见的活动清楚地显现出特定的标准与目标,比如政治共同体中典型的日常生活。

总而言之,苏格拉底对囚徒之无知的描述,实际上是在抨击人类身上的某种自然倾向:将那些公共生活的阴影景象中的目标与标准视为最佳的、最权威的目标与标准,以及——与此自然相符——精神模拟的"水平"现象,在共同体当中普遍分享之后,去塑造人的欲望和性情。洞穴意味着人们从中获得最初支点的公共生活景象根本有赖于人的活动,是这活动[136]赋予阴影以形式和运动。囚徒们无法把脸转向那些精心设计的道具,因而就无法意识到人类活动决定了那些规定着人之欲望与性情的目标和标准。人类寻求生活的支点,又在自身活动中塑造着这些支点,而人类并未察觉这类活动会给自己造成永恒的扭曲,因为很显然,在阴影戏剧中,理念的形象是否存在、是否精致、是否清晰,都取决于那些制作、操作道具的人。

地下的竞赛:作为地下世界的 polis

在囚徒当中,"荣誉、赞美、奖励"——权力的象征与载体——属于那些"能最清楚地看到面前一闪而过的东西,最精确地回忆起什么东西通常先闪过去、什么随后、什么同时,从而也最有能力对未来进行占卜(的人)"(516c-d)。囚徒们的竞赛包括决定和回忆他们看到了什么,预见将要发生什么。由于囚徒们比赛"看到面前一闪而过的东西",他们看到的东西——至少最初——对每个人来说并不是同样清楚。能否在竞赛中取胜,取决于能否说服其他囚徒,让其他人都认为是你看得最清楚。但是,苏格拉底明确指出,囚徒们的这场竞争不仅仅是甚至原本就不是在比赛眼力:要想成功,就必须对那些所有人都看到了的东西,拿出一套有说服力的解释。因而,苏格拉底在520c处说:这场发生在囚徒之间的判断力的竞争关注的是他们所看到的事物的相对价值,例如,某个目标是高贵还是鄙俗,某部法律是正义还是不义,某类行为是善还是恶。

囚徒们对权力的竞争,像极了人们在现实的政治共同体中争辩不休、结党连群。但是,囚徒们对阴影的解释并不是为了探究真理,而是从属于他们对荣誉、赞美、奖励和权力的欲望——植根于灵魂之爱欲本性的欲望(参见580d – 581b)。[137]在苏格拉底看来,这些欲望因这场竞赛高涨起来,又发生扭曲,成为nomos获取权威而凌驾于灵魂之上的关键机制。正如苏格拉底在492b – d处描述的身处多数人之中的年轻人,身处囚徒之中的年轻人也会让自己服膺于奖与罚的习见标准(而且这在非民主体制和民主体制中都能成立):他的灵魂年轻、尚可塑造,很容易被"清理干净",一是因为大多数人的榜样,一是因为他对享乐的热爱正在生长,又联系着荣誉和奖励。由此,他便会在自己的思想、言谈和举动中反映出主流观点对"何谓高贵、正义与善"这类问题的见解。

描述过囚徒们的竞赛之后,苏格拉底问格劳孔,哲人是否"会有荷马所说的那种感受,完全情愿自己是个'农夫,在另一个穷苦人身边当雇工',并且忍受命运的任何摆布,而不去意想那些东西、过那种生活"(516d)。当中引用的阿基琉斯的幽魂在冥界中说给奥德修斯的话(《奥德赛》,11. 489 – 491),预示了苏格拉底在521c处提出将洞穴中囚徒比作冥界中的往生居民。冥界中的幽魂,"亡故之人的无知魂影","像梦一样"飞来掠去,除非吸吮到奥德修斯带来的牲血,否则既不能认出他,更不会对他说出任何真相(《奥德赛》,11. 141 – 154、222、390、476)。与之相似,囚徒们对洞穴之外的世界一无所知,而且既不能理解,也不能适当地接受那些已经适应了在光明中观看事物的人。囚徒们为了具备参与政治竞赛的能力,也会让自己接受教育,但他们的境况是一种 aphrosunē:若是没有 phronēsis 他们的言与行就会像是"在梦中"(520c)。他们不稳定的灵魂,就像是冥界中的魂影和墙上穿梭而过的阴影,在任何地方都会被"清理",似乎他们只是一些虚幻的形象而已。

说话的搬运工与智术师:空虚的偶像、空洞的奥义

苏格拉底将那些搬运道具的人分为两类:"一些搬运工在说话,另一些则默默无言"(515a)。我们将对二者分别进行探究。[138]

由于洞穴有回声,无论何时,只要有一名搬运工偶然发出声音,囚徒们就会以为是那些穿梭的阴影在发声(515b)。我们可以指出,苏格拉底对回声的推断一定也可以适用于囚徒们,他们既看不到自己,也看不到其他人:一个囚徒会相信他的同伴发出的声音也来自那些穿梭的阴影。因此,囚徒们无法区别声音究竟是来自那些搬运工还是来自他的同伴们;在这两种情形当中,声音似乎都是来自阴影。而且,无论囚徒们在什么时候说话,他们都会认为自己是在和阴影交谈。

空间绝不允许受到辩难,而我们也有理由相信:说话的搬运工是在有意地利用洞穴的声音和视像,由此参与到囚徒们的竞争中,同时又掩盖起他们的优势地位。① 如此,这些搬运工使用的就是苏格拉底在 492b – 93d 处所描述的智术师的技艺。这些搬运工在竞争中具有一种特殊的优势:他们能够凭自己的意愿在任意情况下发出这样的声音,让囚徒们非常乐意面朝由搬运工挪动的物件所投射出来的阴影排成一列,并且认为是阴影发出的声音。而且,虽然他们受到了搬运工作本身的限制,不得改变囚徒们既有的欲望和信念,但是他们在洞穴中的特权位置允许他们逐渐地、部分地去按照他们自己的利益改变阴

---

① 参见郝岚(Jacob Howland),《洞喻与"位"的难题:智术师、诗人与哲人》("The Cave Image and the Problem of Place: The Sophist, the Poet, and the Philosopher"),载 Dionysius 第 10 期(1986):页 21 – 55、32 – 39。

影的运动和外形。

洞喻允许假设一个囚徒能够向上走到这些道具的高度,并且仍然将他的兴趣和注意力放在阴影戏剧和竞赛上。苏格拉底也确实表示,至少在一开始的时候,我们确实期望有人能够被拖到火堆旁边:这个囚徒经历过这些之后,再折返到阴影之前(515e),而且也没有任何东西和人阻止他这样做。这位被拖到道具前面的囚徒"看得更加准确","更加靠近事物的本质而且已转而面对实体",只是因为他更加清楚地看到,这些阴影的外形[139]以及它们在阴影戏剧中的运动和接触都是被人工制造出来的。

这一哲学教育的准备阶段产生的效果完全是消极的(当然不是虚无的),因为这等于是在承认那些看起来稳固的、不变的"真理"——先前一直引导着、支撑着人们——事实上是由人类及其偶然选择塑造出来的。这一认识最初是非常痛苦的,让人茫然失措(515c),所以囚徒们如果因此而敌视那些试图"解放他们、引导他们"的哲人(517a),这并不意外:就像是一个盗贼,哲人似乎偷走了nomos 的权威。由此看来,哲人貌似智术师。事实上,对苏格拉底的公开审判、执行死刑也很明白地显示出,对于大多数人来说哲学和智术之间并无区别。

洞喻为大众混淆哲学与智术提供了一个非常有力的解释:从教育的层面上看,智术就是不健全或不完整的哲学。按照洞喻的说法,智术师可以被描述为一个教导他人操控阴影的人,他们只走到道具那里,就返回到囚徒当中。智术师的视野最终不会比那些来自囚徒当中的人更开阔。由于智术师既不知道也不追求任何高于道具和火堆之上的东西,他们教给学生的就是,那些用来支撑人类生活的东西只不过是人类自己的造物,而否认有可能存在因其本身的生产性活动而来的真实且适当的尺度。

洞喻也暗示,哲人和智术师(更不要说其他非哲人)之间的区别根本是天性的不同,尤其是爱欲天性的不同。智术师和哲人的最初经历都是相同的,但是对人类制造阴影的认识却以相反的方式影响了哲人的灵魂和智术师的灵魂。最终离开洞穴的囚徒一定是被迫的,是被拖上去的,而苏格拉底说他的灵魂之所以能够转折上行是"靠着天性(phusei)"(515c)。搞懂苏格拉底的意思并不难:潜在的哲人的欲望必然使天性倾向于哲学,因为很明显,没有哲学 ēros 的灵魂永远不可能被迫思考哲学。根据苏格拉底的说法,[140]最初看到道具和火堆时产生的那种痛苦和混乱会让人想要立刻回到阴影之前。但同时,天性爱智的灵魂会被制造人类尺度的难题激发起求知的 ēros。这样一个灵魂会第一次洞见到,nomos 其实奠立在人类偶然选择的基础之上,这不仅让人失落,更令人气愤。在追求真正稳定、真正明晰的尺度或标准的过程中,这个灵魂会勇敢地忍受更多的痛苦与困惑。当第一次认识到自己怎样的无知时,它将体会到在智识上重获新生的那种阵痛(参见《泰阿泰德》,151)。

另一方面,由于同样扭曲的见识,智术师及其学生的灵魂在他们的 aphrosunē 中变得粗糙僵硬起来。这种见识会造成智识上和情感上的不稳定性,智术师的解决办法是依附于那些被人为生产出来的尺度,并不断返回到阴影的相对清晰性当中去。在苏格拉底看来,智术师"根本不知道在(多数人的)这些信念与欲望中,哪些高贵、哪些低贱,哪些善、哪些恶,哪些正义、哪些不义":他仅仅将那些可以取悦多数人的东西称作善,将那些让多数人感到痛苦的东西称作恶;他仅仅将那些必然如此的东西称为正义和高贵,"至于这些必然如此的东西和善在本性上究竟有怎样的区别,他既没有看到,也不能展示给其他人"。苏格拉底问道:这样的人怎么不会是一个"异位的(atopos)教育者"呢(493b - c)?

因徒们所习惯的那些东西因而在智术师及其学生身上不断激发出内在的冲动,他们不能停止追求因徒当中的荣誉和权力,因而也就不能停止分享他们低俗的欲望与信念。智术师的个体性情也反映在他们的公开言论当中。就像忒拉绪马霍斯一样(336b 以下),智术师根据多数人中流行的欲望和信念,判定哲学是无用的。在洞喻当中,哲学会令人视线模糊,会使人在爱欲和智识上迷失方向(517a;另参《高尔吉亚》,484c - 486b)。

但是,智术师颠倒了哲学与智术之间的真正关系。在洞喻的神秘开端的潜台词中——与《云》中的用法恰成对照——最容易看到这一点。哲学教育重复着宗教入教仪式[141]的各个要素,加强而非贬抑它们的意义:在黑暗中被牵引着穿过通道的囚徒;新奇的行为、言谈和景象;"死亡"的隐喻,或者说对陈旧、无知、由传统在道具的水平高度上所构造的自我的丧失;离开洞穴(象征着地下世界和产道)、(就像通过分娩)进入存在世界的"重生";以及最终在阳光下(=善)获得的明亮视界。① 相反,智术的神秘只是装样子,通过激励人进入到洞穴的声音与视像、以获得火光的视界为终点,从而以一种狭隘而苍白的方式模拟了哲学的上升:既不神秘,也不神圣。最重要的是,当中既无智识上和情感上的死亡,更无重生:智术师从未摆脱aphrosunē 的束缚,至多不过成为一个聪明的囚徒。事实上,智术师否认人们有可能上到洞穴之外,从而证明了自己不仅是一个"异位的"教育者,也是一个"异位的"预言家。

沉默的搬运工:诗人与哲学的工匠

说话的搬运工用智术操纵阴影,将习俗、目标、实践与相像(the like)作为其既受的(received)"文化"背景。我认为,对于构成了累积性(accumulated)传统背景的阴影场景而言,沉默的搬运工要为之负责。如果这一假设是正确的,这些搬运工挪动的道具就反映了那类深深嵌入政治共同体传统当中的诗歌作品,例如荷马与赫西俄德的恢弘神话。

我们发现,诗歌在既有的政治共同体的"教育"方面发挥作用,是基于它塑造人类性格的极端影响、腐朽的内容、操作者(即诗人)的无知,以及对大多数人的意见和欲望的屈服,因而诗歌就像是智术的同胞姐妹,需要在洞穴中找到一个相毗邻的位置。但令人惊讶的是,苏格拉底的批评似乎并不适用于所有诗人和所有诗歌。苏格拉底指出,荷马是一位哲学的预言家,因为他虽然停留在道具所代表的教育

---

① 苏格拉底的哲人是智识的接生婆(《泰阿泰德》,149a 以下)。

水平上,但依然能够[142]关注人类生活的阴影剧,而且也能在一定的神圣意义上为人类品质构造诗歌意象。

在我们思考荷马的这些特征之前,很有必要重申洞喻的一个特殊之处:线喻中强调的数学关系独立存在于人类活动之外,而将洞穴与上面的世界联系在一起的想象关系却不能如此。洞喻所表现的人类世界虽然脱离却又适合于外在世界。但如果不是为了外在世界在洞穴当中通过人类所制造、维系的理念之形象而显现出来,我们人类就会决然地脱离开那些妨碍我们获得正确方向、发现恰当位置的东西。事实上,我们无法区分正确的方向与迷失的方向,以至于人性与高贵也无法与非人性和低贱区分开。如若没有任何办法获得理念的形象,我们就将完全处在黑暗之中,而教育或视界的完善也是绝无可能的。但是,洞喻告诉我们,人类世界若是当位,就是因为理念内在于人类形象之中。在这个意义上,人类之为人类的生活就超越自身,迈向了神圣之物,尽管其本身并不具备任何神性。

我们再一次面对了一个解释学循环,这要求我们去重新确认"预言"或"占卜"在一个宽泛的哲学意义上的关键作用。正如线喻表明,eikasia 的力量催发了哲学教育。但是,哲人并不是独自一人走出洞穴的,因为 eikasia 预先假设了基本的想象关系——根据洞喻,这些关系之存在必须依赖某种更具价值的人类劳动。那么,这会是谁的劳动?显然不是那些"一点儿都不懂"高贵和美的多数人(602b),也不是那些迎合多数人并拒绝区分形象与事物本身的智术师。这个责任必定由预言式的形象制作者来承担,他的技艺反映出并在传统之中保存了关于高贵、正义和善的部分真理。

苏格拉底认为,荷马就是一位预言式的形象制作者,他以自己的方式维护了哲学教育的[143]可能性。苏格拉底指出,荷马权威地阐述了什么像神以及神在人类当中的形象:完美城邦的哲学统治者在塑造公民个性的时候,一方面要着眼于理念,一方面也要着眼于人类本身的现实存在,"因而对人的颜料进行搅拌和加工,最后根据那种标准定型,如荷马所说的那种出现在人类中的类似天神和宛如天神的形象"(501b,楷体为作者所强调)。换言之,荷马知道,并且在他的诗歌中道出了哲学统治者(或工匠的教育诗)的合适模板——这些模板既来自理念,也来自人类天性。当然,苏格拉底或许仍然有理由审查荷马卷帙浩繁的作品中提到的更多的其他模板。但是毫无疑问,正是荷马诗歌的神圣内容让苏格拉底感到他在第十卷开头部分提到的"对荷马的友爱,以及在他面前的尊敬"(595b)。①

在洞喻当中,苏格拉底也提到了荷马对人和人类生活之神圣性的理解。在追问那些被开蒙了的哲学灵魂是否会嫉妒那些囚徒,或者"会有荷马所说的那种感受,完全情愿自己是个'农夫,在另一个穷苦人身边当雇工.'"(516d)时,苏格拉底喜欢将荷马与其他穴居者相对比。苏格拉底对"荷马所说的"引用要求我们注意荷马所拥有的那种独特知识。阿基琉斯这个文学角色能够在尘世中的生活和冥界中的死后生活之间做出区分,唯因作者荷马知道二者之间的区别。因而,荷马对尘世与冥界之区别的认知其实是用诗歌的手法描述了诗人自己的预言式洞见。

预言诗人看到了是什么"类似天神、宛若天神",然而是哲人而非诗人,被苏格拉底留在洞穴当中,看到了神圣事物本身。在另一部对话录中,苏格拉底将诗人比作酒神的伴侣、狄俄尼索斯的崇拜者,能从河水中吸吮奶和蜜(《伊翁》,534a)。在洞喻当中,苏格拉底肯定了有一类神圣的灵感并不来自奥林匹亚诸神,而是有赖于神圣的天赋,从而在一定程度上否认了早先对诗人的批评:火光使人们[144]能够去制作、看到预言的意象,而苏格拉底将火与太阳相类比,且将后者称作善的后代(517a-c)。

就像是喝过牲血之后对奥德修斯开口的阿基琉斯,荷马这位预言诗人是一位醉卧于地下世界的居民。那醉酒之后的奇异灵感让他说出饱含深意的诗歌意象,而不带有任何对原初对象的直接观照。醉酒的

---

① 苏格拉底在第十卷开头的地方对荷马的态度让我们想起他对荷马早先的怀疑,"出于荷马的原因",批评荷马对阿基琉斯的塑造不够神圣(391a)。

比喻恰当地描述了这位预言诗人的状态,因为他忘记了或者是在隐瞒自己。他直指人类生活,但是又不能清楚地看到他之所指究竟为何。若是说完整的教育要求我们看到生活所面向的尺度,正如苏格拉底所说,那么预言诗人并没有获得完全的教育。

最后,必须要看到诗人荷马将自己首先地、首要地视为一名诗人——也就是说,是一个形象的制作者,既要为神圣的或者类似神的东西制作形象,也要为"一切设计善与恶的人类事物"制作形象(598e)。因此,苏格拉底对荷马的基本批评,并不在于诗人没有为人类提供善的模范,而是在于:他努力为如此众多的人与神的事物制作形象,结果在诗歌中产生了大量恶的模范,从而损害了善的模范的普遍教育意义。荷马和那些悲剧诗人一样,在诗歌中展现了各种各样又相互冲突的模范,而受众只能自己去判断哪一个更加适合。但是诗歌和绘画一样,无法对自己的内涵做出解释(参见《斐德若》,275d‐e),而孩子们——以及苏格拉底眼中的大多数成年人——"没有能力辨别哪些故事有寓意,哪些没有"(378d)。

哲学的往返旅程:维系整全

在洞喻之中,哲人对智慧的热爱引导他走到洞穴之外。格劳孔赞成,哲人走出洞穴后"宁可忍受一切也不过(囚徒的)那种生活"(516e)。那么,苏格拉底为何要问"这人又走了下去,回到那同一个座位"之后将会发生什么(516e)?简言之,为什么哲人要返回洞穴?

[145]预言诗人只是从人类世界的内部看到了整全,而哲人则站在洞穴之外,以外在于人类生活和政治共同体的视角看到了整全。但是,这两个视角都是偏颇的、不完整的:整全包含了理念和善之存在与人类世界之生成的源始和意象,正如完整的人类生活既包含了沉思,也包含了实践性的和生产性的活动。然而,洞喻显示出哲人的 ēros 足够复杂、足够全面,努力将外在世界和洞穴都涵盖进来。正如哲人"靠着天性"离开了洞穴,我们可以推断,他返回洞穴一样符合他自己的欲望;尽管苏格拉底之后说,必须强迫哲人

去统治穴居人(520d),但是并没有理由认为哲人回到洞穴也是出于强制。事实上,哲人在看到了理念和善之后,明显是出于自愿才返回了洞穴。这意味着他毕竟是一个"人",热爱智慧并不会使他远离人性,毋宁是以自己的欲望为整体人类生活提供了至高的阐释。

哲人的复杂天性可以被善唤醒。哲学灵魂离开洞穴时,他就会将善视为整全之可理知性的源泉(516b - c)。但是苏格拉底反复提到,善将它的喻象赋给了太阳,保障着可见之物的繁殖与生长,从而也成为生活的一个 arche(506e,508b,517c)。换言之,整全既是可理知之物,也具有鲜活的生命;它既包括灵魂,也包括理念。但是这就意味着,哲人最初努力去模仿并尽可能地让自己类似于理念(500c),这一举动必须能够让他认识到,在灵魂和它的可理知对象之间存在着必然的、适当的区别。哲人在洞穴当中看到鲜活的万物,并推断出是太阳给予了令万物生长的"季节与年岁"(516b);相似地,我们也会理解到,善使得可见之物能够在一个鲜活的、有序的整全之中与灵魂和理念产生关联。上升到善的哲人因而就会清晰地看到灵魂和理念,它们也会在热烈的生活中[146]形成某种程度的联合。这样一种生活是哲学的生活,也是属人的生活。由于它的整全性,生活就会成为善的喻象,或者就是整全之整全性的喻象。但是,去过一种属人的生活,就要在政治共同体的剧场中说话、行动。简言之,就是回到洞穴。①

---

① 对哲学和哲学生活中的善与理念的启发性解释,见拉赫特曼(David Lachterman),《什么是柏拉图〈王制〉中的"善"?》("What Is 'The Good' of Plato's *Republic*?"),载《柏拉图〈理想国〉四论:圣约翰评论第39期》,前揭,页139 - 171,以及米勒(Mitchell Miller),《柏拉图的挑衅:思考〈王制〉中的灵魂与善》("Platonic Provocations: Reflections on the Soul and the Good in the *Republic*"),载《柏拉图研究》(*Platonic Investigations*),Dominic J. O'Meara 编(Washington, D. C.: Catholic University of America Press, 1985),页163 - 193。

我们曾在本章开头问,苏格拉底为什么选择以意象的方式去谈论善。现在,我们就可以看到:非意象言辞的清晰、简洁和确定有可能只是一种错觉,而苏格拉底的哲学意象则凸显了哲学研究永不停歇的特征,也强调了对话体的重要性。

正如苏格拉底强调的,哲学视野是有问题的。尽管哲人可以像苏格拉底那样,占卜出哲学是可能的,但是他无法进一步知道转向phronēsis之存在的"转折"——灵魂的"眼睛"(518b以下)——已经完美了。根据洞喻,如果哲人能够在善的全部光明中观看,这个转折就是完美的,但哲人只能依靠自己的视野去判断他观看时所处的光——而且,正是这个光决定了他有怎样的观看能力,去关注什么是适宜的、适当的或有价值的,去观察是什么有助于善的生活。通过类比,身处黑暗当中的人、(像囚徒们一样)不知道其他人的状态的人,他们的视界都是"无用的和有害的"(518e–519a),因而无助于根据他们所能够看到的东西来判断光线的亮度。

由于哲人无法走到他自己的视界之外,也不能将他的观察与事物的真实样子相比较,所以他就无法确定最初对阴影的适应再也不会扭曲自己的判断。这并不等于说,教育或视界的完善是不可能的;相反,简单地承认现在能够在相较此前更好的光线中观看,就是承认教育其实已经发生了。但是,更为深层的问题是:如何才能看到一个人的视界需要完善,以及能否确定不再需要完善?苏格拉底对后一个问题的回答非常确定——"不能":其他任何答案都是反哲学的武断。在苏格拉底对此的展示中,哲人无法确定自己对智慧的寻求是否已经抵达了终点。哲人必须总是做好准备去检查[147]他是否在最好的光线中观看事物。为了做到这点,苏格拉底的哲人总是在寻找哲学对话,因为在对话中,我们可以通过我们用来观看的这双眼睛,有效地拓展自己的视界:哲学对话将一个人对事物的视界完全交给另外一个人加以检查,同时也允许一个人在其他人的眼睛中看到他自己。最后,可以明显看到的是,苏格拉底在其他人那里看到了检验自己理解的机会,同时他也不认为在众人中取得共识就足以检验真理:如果世上所有人都达成了共识,这只意味着不再有任何可能在对话中学到智慧。①

苏格拉底喻象之应用

太阳、线和洞穴强调了哲学研究的本性在于解释的循环,也强调了哲学旅程周而复始、综合了复杂的人性。或许最为重要的是,这些喻象试图揭示出哲学教育的可能性。在另外一部对话中,苏格拉底的对话者美诺(Meno)认为"一个人如何能去追寻他尚未拥有的知识"是一个悖论:

> 你将以什么样的方式去寻找,苏格拉底,你完全不知道其本性的东西? 你要把什么样的东西,它属于你并不知道的那些东西,预先当作你研究的对象? 或者,即便你碰巧在无意中直接发现了它,你又该如何知道它正好是你并不知道的那个东西? (《美诺》,80d)

苏格拉底否定了美诺的假设:学习可以被隐喻性地理解为"回忆"一个我们在某种意义上已经熟悉的东西(《美诺》,81a 以下)。太阳、线和洞穴同样如此:我们的前哲学经验已经在意想中抵达了哲学真理。如果这些形象的隐喻特征并不完全远离围绕在可抵达真理的经验周围的奥秘,这不就是因为解释循环本身就是神秘的么? 事实上,哲人停留在洞穴般的人类共同体当中,不仅[148]因为他对真理的全部内容——既包括事物本身,也包括事物的喻象——都感到愉

---

① 施特劳斯在与科耶夫的辩论中对这一创见进行了完美的辩护,见施特劳斯,《论僭政》(*On Tyranny*),1963,Victor Gourevitch 与 Michael S. Roth 编(New York:The Free Press,1991 年修订版),页 133 – 212。这场辩护对《王制》当中很多关键议题都进行了深入的讨论,包括哲学与智术的区别、哲学与政治的关系。[译按]中译参见何地译:《论僭政》,华夏出版社,2006。

悦,也是因为他认定,对智慧的追寻具有深刻的循环特征,其后果就是永远需要进行对话。

哲人从普遍性的理念和善返回到特殊性的政治共同体,应该作为我们自己阐释《王制》的一个模板。由于贯穿《王制》对话全过程的哲学上升与下降都属于这场对话的不同阶段,苏格拉底的哲学思考似乎一次又一次地重复着洞喻所描绘的"往返旅程",或者是发生在来回穿梭、上上下下的话语运动当中,由此,这种反复的检阅,通过我们的具体经验结构,打开了通往理念的崭新道路,并且在这些道路上的探索最终以一种新的方式,揭示出我们经验的本性。与此相似,苏格拉底对理念和善的另外一对抽象的喻象就以一种交互关系显现在《王制》的具体对话当中:无论是对话还是喻象,都无法单独地加以完全理知,除非它们通过阐释行为相互交织在一起。这一阐释的织体必然是意想性的,但是也绝不等于创作一部虚构的作品:太阳、线和洞穴启发出对话的深意,仅仅是因为它们表现了已经潜伏在对话当中的那些内涵。

最后,在强调哲学探寻永无止境的特征时,后面这些喻象断然否定了苏格拉底之前对完美城邦中哲学统治者的描绘。正如云上子规国和费埃克斯人的王国,完美城邦在人性上是不可能的,因为它离神实在太近。出于同样的原因,它在人性上也是不可欲的:苏格拉底像奥德修斯一样固执地走上归家之路,而那位厌恶人类事务的哲学统治者与他不同,已经迷失了回家的方向,因为他已经忘记了哲学始于人类世界,也必须反过头去调处人类事务。哲人王并不是真正的哲人,也无法在禁止批判性的公共辩论的政体中成为哲人。而且,他们在 ēros 上存在缺陷:正如苏格拉底的观察,哲人"要去把握[149]整全",包括"所有神性和人性的事物";和苏格拉底一样,哲人的"贪婪"不止是对事物本身,也针对着喻象(486a,488a)。通过太阳、线和洞穴的喻象,苏格拉底和专心致志的读者们已经离开了格劳孔的奇幻政体,走上了回家的路。

十 回家？厄尔神话中的哲学与必然

苏格拉底在第七卷完成了对完美城邦的解释之后，开始探讨现实政治共同体当中 nomos 和人类特性的交互关系。尤其是在第八、九卷，他详细阐述了真正的贵族政体(完美城邦)似乎不可避免地发生变形，而贵族的灵魂通过荣誉制、寡头制、民主制而变为僭主。苏格拉底的讲述跟随着灵魂与政体一起游历，沿着那些被政治参与和公共生活目标所指示、所促成的各种爱欲的方向。

在洞喻中我们就已熟悉了第八、九卷的基本主题：精神力量和政治力量的变化趋势似乎依据自然规律塑造着人类的性情。苏格拉底的解释，以婚数为起点，强调了尽管我们的爱欲天性承担着习俗与传统的重压，但是从未被 nomos 完全掌控。ēros 靠着天性而存在，从而先在于 nomos。它最终也比 nomos 更加强大，因为它在一定程度上是一个动态的、侵蚀性的力量，也是一个富有韧性的基底。

［151］苏格拉底让人注意 ēros 具有复杂、执拗的特性，从而澄清了在任何一种政体当中，包括完美城邦，哲学都会是一个人"战胜自己灵魂"的路径，如果所谓"灵魂"指的是负责任行为当中的独立内核。只有从洞穴走出的哲人，才能为自己灵魂的理智秩序负起个人责任。而且，若不考虑洞穴中公共空间的安排，只有哲学教育才有能力将好的秩序带给精神(the psyche)的"内部空间"：据说哲人在他的灵魂当中拥有一个理念的鲜活范式，而完美城邦的非哲人公民，留在洞穴之中，拥有的只是由哲学统治者"画"在他们灵魂之上的理念的喻象(484c,501a－c)。

苏格拉底回到了厄尔神话中灵魂秩序的难题，其中表明所有非哲学"教育"都是肤浅的。在冥界中，厄尔对一场抽签活动进行了观察(617d 以下)，每个灵魂都可以为自己选择来世要过的生活。在那儿，厄尔看到一个灵魂,由于前世过着有德性的生活,因而是从天上走下来的。但是这个灵魂的德性行为也是其外在力量的结果:它生活在一个"秩序井然的城邦"当中——在关键之处都类似于完美城邦——并且践行德性是"因为习俗,而非哲学"(619c-d)。因为这个灵魂的德性总是浮在表面,所以它就在未经检验的"愚蠢(aphrosunē)和贪婪"的驱使下,急匆匆地挑选了一个"最大的僭主",而没有看到其背后列举了它注定要在来世经历的种种丑恶(619b-c)。

不必过于"发散"地"坚称我的灵魂是一个纯净的、绝不混杂的智性实在"(Nussbaum,页223),厄尔神话戏剧化了这个关系到选择去过哲学生活的深刻悖论,植根于通过品味、情感上的习惯和理知对人类灵魂的塑造。厄尔神话用抽签选择来世的故事,将哲学与个人拯救联系起来,同时也用可能是最为尖锐的方式提出了问题:生活如何才可能成为哲学的?首先,灵魂如何才能超越那种阻碍哲学的[152]心灵上的"必然性"?其次,如何才能相信一种生活会在某个时刻成为哲学的?厄尔神话告诉我们,我们需要哲学是为了理智地、负责任地选择自己要去过的生活,以及灵魂的境况。但是如何才能有意义地选择一种哲学生活?是不是必得先对自己负起责任,也就是在已经哲学化之后,才能"选择"哲学的生活?

回到厄尔神话之前,先让我们大致检阅一下苏格拉底在第九卷末尾提出的灵魂的喻象,这将引出因重启 ēros 问题而已经提出的难题。

作为野兽与拯救者的 ēros

苏格拉底在第四卷将 ēros 限定为灵魂中非理性的、欲望的部分(439d),但是在第九卷开头却承认,欲望的种类和数目都还没有充分地辨识出来(571a)。尤其是,第四卷中提到了灵魂分成三个部分,每一个部分据说都独有某些欲望(epithumiai)以及相应的愉悦(580d)。于是,血气的部分热爱胜利和荣誉,"人类藉之学习的部分"——这个部分现在特别联系着 phronēsis 和 nous(582d,583a-b,

586d)——热爱学习和智慧(581b)。苏格拉底将欲望拓展到灵魂的整体当中,这对后面将哲学生活证明为最快乐的生活是必要的,而且这种快乐并不会被 phronēsis 描绘成"用皴影法画出的幻觉"和"魂影的形象"(582a 以下,583b,586b - c)。同时,这一拓展允许我们去解释灵魂的复杂性,第九卷中苏格拉底认为这就是对 ēros 本身多面相的、自我矛盾的本性进行了符号化的表达。

苏格拉底将学习的那部分灵魂比作一个人,将血气的部分比作一头狮子,将欲望的部分以"基迈拉(Chimaera)、斯库拉(Scylla)、克尔伯罗斯(Cerberus)"为模板,比作"一个许多色彩、许多头颅的野兽,长有一圈头颅,有些属于驯化的动物,有些属于凶猛的野兽[153],并有能力使所有这一切东西任意变形或从它自己身上长出"。① 最后这个形象反映出 ēros 中野性、暴力的一面。甚至是有序的、哲学的灵魂,这一特征也常常埋伏于心灵在睡梦里所营造的想象性梦境之中(571c 以下)。在正义的灵魂中,人可以在狮子的帮助下共同控制这个多头怪兽,使那些野蛮的头颅受"饿馁",给那些驯化的头颅"喂食",而在不义和残暴的灵魂中,怪兽和狮子则联合起来让人挨饿(588e - 589d)。

上述喻象表明,用来描述灵魂与城邦的节制和正义在第四卷中并没有得到充分的说明。首先,灵魂中的欲望部分因其多变的本性会给灵魂要素的简单计算带来很大困难。其次,也是最重要的,期望多头怪兽自愿接受统治,或者能够因情感(philia)而被灵魂的其他部分所束缚,这也是荒谬的。苏格拉底对此的观点充满悖论,因为他将人类描绘为一个只是能"喂养"驯化的兽头、对野蛮的兽头"阻止生长"的农夫(589b)。这一喻象绝对是暴力的、充满了纠纷,既不田园,也无牧歌:很明显,个头"远比"狮子小得多(588d)的人,必须要联合狮子,武装到牙齿,否则没有任何可能制服怪兽。

---

① 苏格拉底的核心例子斯库拉要了奥德修斯六个伙伴的命(《奥德赛》,12.245 - 259)。荷马对斯库拉意象的使用旨在表现爱欲的危险,因而可以同苏格拉底在 560c 处对食莲者的引用加以比较。

如果将这段话进行政治解读,就可以印证亚里士多德的理解,他认为卫士助理实际上就是一个表面上正义的政体当中的职业军人(参见415d‐e)。如果进行心理学的解读,这段话就意味着灵魂是各种欲望的战场,那么第四卷所界定的节制与正义也就没什么问题了。强力与征服取代了philia或和谐,成为灵魂内在关系的模板。最终,灵魂是否属人,在多大程度上属人,就取决于"那个人"的爱欲强度,哲学的部分——"灵魂中学习的部分"——与野兽的部分形成怎样的关系。没有任何一种政体能够取消哲学在培养、强化这种独特的人类ēros上的作用,因为厄尔神话中的抽签故事表明,即便是在秩序井然的政体中,灵魂中人的部分在多头野兽面前仍然是极度弱势的。①

[154]但是,上述分析仅仅强调了苏格拉底的喻象中的悖论性。如果强力就是全部,那么即便是被强迫的文雅——遑论哲学——也是不可能的:不会有人比狮子更强壮,更不要说和怪兽相比。换言之,必须存在某种类似于"饲养"或"友爱"的东西——如果我们将这些普遍地理解为灵魂各部分之间的一种和平关系的喻象,因为灵魂中的人无法用单纯的强力进行统治。正如在政治共同体当中,说服必须伴随着暴力(参见327c‐328a)。另一方面,理性的论证(logos)无法用来统治灵魂中欲望或非理性的部分(alogiston:439d),尽管或许有助于"驯服"thumos的"狮子",这头狮子就其天性而言在一定程度上处在另外二者之间的某个位置上(参见439e以下)。那么,为了将灵魂作为一个整体加以掌握,我们灵魂中的人就必须求助于某种既不是纯粹理性的也不是非理性的而且可以对ēros直接说话的劝说术,缓解某些爱欲的渴望,同时又唤醒另外一些。简言之,灵魂中的人需要音乐。

我们可以大体归纳一下苏格拉底喻象的主要内涵。一个人要获得秩序井然的灵魂——这里的"秩序"对于苏格拉底描述的心灵动物园

---

① 苏格拉底将人比作是人类灵魂中的一个部分,从而提出了进一步的难题:人能否等同于由人、狮子和怪兽所组成的那个灵魂本身?

颇具意义——这种希望有赖于真正的教育或哲学。但是,哲学教育并不能只依靠论证来推进,因为 logos 对灵魂施加的力量在一定程度上取决于音乐在此之前发挥了怎样的作用。于是,苏格拉底的灵魂喻象再次强调了他早先的观点:"logos 如果和音乐结合在一起……它(就)能充当起德性的拯救者,终生居住在拥有它的人的心中。"(549b;另参 548b - c)但是,混杂着 logos 的哲学音乐并不足以将哲人区别于那些天性就不适合追求智慧的人(参见 485a - 587a)。那么,在一定意义上,潜在的哲人的灵魂先于它的教育,必须已经以某种方式构造、安排好了;这种方式必须尽最大的可能去协助灵魂中的人,同时向哲学音乐和 logos 的有序作用保持完全的开放。

苏格拉底的灵魂喻象要求我们注意到一些复杂的问题。如何解释灵魂在哲学之前的构成与安排?由于这个喻象意味着灵魂中人的部分[155]在怪兽面前处于天生的劣势,如此一来,我们还能期望个人能为自我教育和善好生活负起责任么?苏格拉底是否暗示我们,哲学本身的可能性,就如完美城邦的可能性一样,最终有赖于罕见的好运气或"神圣的机缘"(592a)?这些问题都在厄尔神话中提了出来,苏格拉底改变了他在哲学的"阿尔基诺奥斯故事"(614b)中的论调——智性完美的哲学统治者的完美城邦神话。

生活的抽签与哲学的悖论

厄尔神话(614b - 621b)场面宏大、内涵复杂。我们这里只关注其中一个方面——抽签选择来世生活的哲学含义。

《所有人》是中世纪的一部道德剧。剧中,死神为上帝服务,召集所有人来为自己的生活给出一个理由。[①] 厄尔来自潘菲洛斯家族(Pamphylon,意为"所有部族",614b),这个神话则是柏拉图给出的这

---

① 参见《〈所有人〉与中世纪的神迹戏剧》(*Everyman and Medieval Miracle Plays*), A. C. Cawley 编(New York:Dutton,1959)。

类关于我们无可避免之普遍命运的所有故事的原型。这个故事非常适合于《王制》中戏剧化的哲学奥德赛的末尾,因为厄尔的旅程将他从"家"带到了宇宙的中心——每个灵魂都要从这里开始它的旅程,又最终回到这里。

在宇宙的中心有一个巨大的光柱,还有一个"必然性的纺锤",宇宙围绕着它旋转成一层层的同心圆(616b – 617c)。由于抽签选择来世生活正是在这里进行,这个神话就鼓励我们将宇宙整体的圆心运动与每个灵魂在生死循环中的持续运转加以对比。当厄尔讲到这个"一切运转都围绕它进行"的纺锤在必然(命运)女神的"膝上"旋转时(616c,617b),他并没有提到必然女神自己转动纺锤。但是他补充说,拉克西丝、克洛佗、阿特罗珀斯——必然与命运(the Fates)的三个女儿[156],分别掌管着过去、现在与未来——一起转动纺锤上的圆环,"时而停留片刻"(617c)。我们可以认为,拉克西丝对宇宙的转动具有最大的影响力,因为她两手交替地拨动内外两个环(617c)。大致而言,厄尔口中那些过于神秘的细节意味着必然性在宇宙运动当中的作用是重要的,但也有些含混不清。我们最多可以确定,命运在这个运动中发挥着重要作用,过去在这一方面要比现在和未来更具影响力。①

厄尔对必然性于人类生活之影响的解释也是一样的含混不清。前苏格拉底哲人赫拉克利特认为,"对人而言,性格(ēthos)即命运(daimōn)"(Freeman,页32:残篇119)。根据古希腊语法,这句话既可以是"ēthos 是 daimōn",也可以是"daimōn 是 ēthos",也就是说或者性格——这个人会是谁——决定了生活中的命运,或者厄尔所描述的 daimōn——一个半神的"卫士"或生命中命运的"满足者",因此也就是一个人注定了的"命运"——决定了这个人会是谁。哪种理解更

---

① Adam 指出:"这两部分(根据光柱和必然性纺锤对宇宙所做的)描述本质上并不能等于一个连贯的、持续的整全。"(2:441)这一不连贯性或许是刻意为之,因为在我看来,厄尔在表述必然性对宇宙运转的作用时本来就模棱两可。

符合原意,赫拉克利特或许故意保持沉默。事实上,近来已经有论者证明,古希腊悲剧就是为了探究赫拉克利特哲学中那些含混(Vernant 1988,页37)。惹人注意的是,厄尔神话的哲学与戏剧中心正好也可以发现这一独特的悲剧性含糊。

乍看上去,厄尔的叙述似乎是在暗示,灵魂要为自己的命运负责。无论是对从天空下来的灵魂,还是对从地底上来的灵魂,它们都已经因前世生活的正义或不义得到了奖赏或惩罚,而抽签对它们一视同仁(614c–616a)。抽签在"抽签分配者"拉克西丝女神的主持下进行。一位神的代言人或"先知"(prophētēs)从女神手中取过签子和"各种生活模式"(617d)。这些签子决定了灵魂们选择生活的顺序,但是可供选择的生活模式(包括动物的生活以及"所有的人类生活")远远多于灵魂们当前所选择的数量(617e–618a)。观察那些被称作"模式"的生活非常重要,这意味着尽管每种生活都在一定程度上有别于其他所有生活,但是个人的生活究其本质而言也并非是完全独特的:它们可以被分成大的类别,和其他人选择的生活归在一处,[157]并根据种类和其他的生活相区别。于是,厄尔神话暗示,普遍看来,人们总是能够在各不相同的生活中找到同样的类别,如果不考虑灵魂所降生的具体时代的话——"歌唱……已经完成了的事物"的命运女神拉克西丝对抽签进行监督的事实凸显出这一点。而且,正是研究、比较那些我们必须从中进行选择的各种生活的能力让苏格拉底的呼吁——毕生追求哲学,由是便可理智地选择——具有了一定的说服力(618b–619b)。

苏格拉底隐约是将自己比作了主持抽签的先知:在《云》中苏格拉底从他的篮子里俯视斯瑞西阿德斯,称他是"朝生暮死的造物"(《云》,行223);先知上到一个"高高的平台",在对众灵魂说话时使用了同样的言辞(ephēmere,617d)。苏格拉底对哲学的呼吁也在先知的警告中产生了共鸣。"神明不会选择你,"先知告诉灵魂们,"而是你选择一个神明。……德性并不会做谁的主人,但是如果你尊重她,或是不尊重她,便会多多少少的拥有她。你要在进行选择时负起责任;神于此无可指责。"(617e)之后,先知又警告所有人一定克尽谨慎,并解释道,即便是抽到最后一签的人,只要他在选择时"带着理智(nous)",一样会得到满意的生活(619d)。

很明显,先知认为,灵魂比起荷马的冥界中那些随处可见的魂影,形体还是更加实在,行为还是更加负责。而且,前文对抽签的细节描述也表明,超人力量对生活的影响仅仅局限于在决定抽签顺序时随机发挥作用(参见619d),而且所谓随机,也不会决定人的命运。但是,另有一些细节,尤其是那些相当于是在解释厄尔所见证到的很多悲惨的选择,则意味着必然性——显著区别于偶然或机运——在人对生活的选择上是决定性的。苏格拉底观察到,很多灵魂的选择都是"既可怜,又可笑,又令人震惊",而且"大部分是在根据自己前世的生活经验做出选择"(620a)。于是,很多急匆匆地做出悲惨选择的灵魂,包括那个选择了"最大僭主"的灵魂,都是从天空中下来的,都"缺乏[158]痛苦的经验",而那些因受罚而从地下走上来的灵魂普遍更加谨慎小心(619c)。出于这一原因,"大部分的灵魂都得到了善与恶之间的对换"(619d)。

这就暗示了,灵魂有能力去听到先知的警告,并且根据他的言辞来实施行动,而这种能力很大程度上是由前世的惯习所决定的(ētho和ethos——"个性"和"习惯"——在词源学上的关联也暗示了这一点)。这一暗示也在苏格拉底的评论中得到了确认:"灵魂的秩序并不在(各种生活模式)里面,因为必然地,选择不同的生活方式,灵魂就会获得与之相应的秩序"(618b)。换言之,一个人所选择的生活必然会给他的灵魂打上印记,从而影响灵魂的未来选择。(抽签的原则是"一槌定音":抽签之后,命运便在每个灵魂身上化为一个daimōn,因而命运的"线"——这个比喻联系着宇宙的"旋转"运动所带来的选择机会——是不可颠转的[620e]。)由是观之,拉克西丝这个角色就有了新的意义:选择现在和以后做什么样的人,取决于过去是什么样的人。最终,过去是什么样的人,和灵魂的最初构造或天性有关,也和选择了哪一类生活有关。从苏格拉底的话里至少可以看出,灵魂的秩序并不在那些生活样式当中:如果所有灵魂在天性上都是一样的,就没有理由不在每个样式中都包含灵魂的秩序,因为每种生活都会以同样的方式影响每个灵魂。苏格拉底暗示,不同的灵魂会以不同的方式受到同一个环境的影响。或许最重要的是:灵魂"大多"根据前世生活习惯进行选择,厄尔看到"大多数"灵魂都交换了善与恶的生活;苏格拉底对此的评论意味着,有很少一些灵魂汲取了它们的前世经验,也有很少一些灵魂完全没有顾及这一点。后者,以及其他的所有灵魂——既不以善求善也不以恶求恶,而是在善恶之间摇摆的大多数灵魂——都受制于他们自己天性中的必然性和灵魂的先前秩序而"选择"了来世的生活。选择了"最大僭主"的那个灵魂[159]明显没有进行任何思考,当它看清了自己的来世,开始咒骂"运气、daimōn,以及除它自己以外的一切"给它带来了糟糕的选择(619c)。

先知坚持说 ētho 即 daimōn,厄尔神话的教导似乎是 daimōn 即 ētho,尤其要注意的问题是,灵魂无法选择去过哲学的生活。但是这也不完全,因为这个神话以自身的表达行为挑战了这一教导。苏格拉底告诉我们,在选择来世生活的时候,灵魂能够回忆起来的不会比前世生活更加先在,尤其无法回忆起自己是如何在上一次的抽签中选择了前世的生活,因为在每次投生之前,灵魂都被迫——或许是因为那个地方过于炎热——喝了流淌在无忧谷中的忘川之水,从而"忘掉了一切"(621a-b)。这当中有着深刻的内涵:如果灵魂能够反思自己的前世经验和其他灵魂为来世抽签的经验,它就可以超越前世生活习惯的视界,就会因此更加审慎地进行选择。厄尔本人被告知"去听、去看所有的一切",但是没人强迫他喝河水(614d,621b),就获得了这个机会。而且,通过厄尔的"先知"消息,我们也被允许观看这场生活的抽签,听到来自先知的话,并因而有可能克服遗忘的必然性与控制着其他灵魂的前世习惯对我们施加的种种限制。于是,这条向我们打开的道路就在奥德修斯的灵魂背后令人欢欣鼓舞地铺展开来,"记得从前一生中的种种苦难而停止了对名誉的热爱",在各种生活样式中找了"好长时间","费了好大劲",选了一个最好的,尽管它是最后一个上来选择的(620c-d)。

哲学的奥义

厄尔神话并没有回答关于哲学起源与超越必然的问题。我们或许无法完全回答这些问题,以至于苏格拉底审慎地将这些问题留在了神秘的笼罩之中。由此可见,完全的自我认识或者智慧是不可抵达的;哲学从未[160]最终成为 sophia。但是,读者们会想起,我们在最后一章中思考阐释循环的奥秘和哲人对交谈的不懈追求时,获得了同样的结论。正像太阳、线和洞穴的喻象,厄尔神话毕竟是乐观的:它确认了学习的可能性,让我们所有人都有希望以自身能力来获得哲学的教育。

被厄尔神话说服,就是被苏格拉底说服(621c),因为这个神话就是苏格拉底的杜撰。苏格拉底明显希望格劳孔能够"坚定不移地"(adamantinōs)追求正义,并因而去模仿阿德曼托斯坚定的道德本性(参见616c,必然性的纺锤据说是由"金刚石"构成的[ex adamantos])。但是,厄尔神话以多种方式将我们的注意力转移到已经完成了的对话上。在转述《王制》的时候,苏格拉底就像是厄尔所说的神的代言人,列出了各种各样的生活模式——包括他自己的和同伴们的,我们则必须从中进行选择。而且,假使厄尔神话并没有说明选择是如何可能的,我们就会发现这部对话本身戏剧性地展示了选择的现实性。至少,苏格拉底的同伴们在对话中追求哲学的景象,无论成败,都有助于展示出我们若要成为哲人就必须拥有的那种灵魂。总之,正是在细致地、理智地进入这部对话的过程中,正是在尽可能地思考其中各个角色的经典言行时,我们才有可能最好地模仿奥德修斯、厄尔以及苏格拉底本人。

书目精编

原始文献

柏拉图

古希腊原文

Politeia. In *Platonis Opera*. Vol. 4. Edited by John Burnet. Oxford：Oxford University Press, 1902.

The Republic of Plato. 2 vols. Edited by James Adam. 2d ed. Cambridge：Cambridge Universiry Press, 1963.

英译本

Plato. 12 vols. Loeb Classical Library. Cambridge, Mass. ：Harvard University Press, 1914 – 27.

The Republic of Plato. Translated by Allan Bloom. NewYork：BasicBooks, 1968.

其他古希腊作品

Ancilla to the Pre – Socratic Philosophers. Translated by Kathleen Freeman. Cambridge, Mass. ：Harvard University Press, 1977.

Aristophanes. *Clouds*. In *Four Texts on Socrates：Plato's" Euthyphro," "Apology," and" Crito" and Aristophanes' " Clouds. "* Translated by Thomas G. West and Grace Starry West. Ithaca, N. Y. ：Cornell University

Press, 1984.

―――. *Aristophanes*. 3 vols. Translated by Benjamin Bickley Rogers. Loeb Classical Library. Cambridge, Mass. : Harvard University Press, 1924.

Aristotle. *Aristotle : The Politics*. Translated by Cames Lord. Chicago: University of Chicago Press, 1984.

―――. *Nicomachean Ethics*. Translated by Martin Ostwald. Indianapolis: Bobbs – Merrill, 1962.

―――. *Poetics*. Translated by W. H. Fyfe. Loeb Classical Library. Cambridge, Mass. : Harvard University Press, 1932.

Diogenes Laertius. *Lives of Eminent Philosophers*. 2 vols. Edited and translated by R. D. Hicks. Loeb Classical Library. Cambridge, Mass. : Harvad University Press, 1938.

Herodotus. *The Persian Wars*. Translated by George Rawlinson. New York: The Modern Library, 1942.

Hesiod. *Theogony and Works and Days*. In *Hesiod, the Homeric Hymns, and Hornerica*. Translated by Hugh G. Evelyn – White. Loeb Classical Library. Cambridge, Mass. : Harvard University Press, 1914.

Homer. *Iliad*. Translared by A. T. Murray. 2 vols. Loeb Classical Library. Cambridge, Mass. : Harvard University Press, 1924.

―――. *Odyssey*. 2 vols. Translated by A. T. Murray. Loeb Classical Library. Cambridge, Mass. : Harvard University Press, 1919.

Lysias. *Oration 12 : Against Eratosthenes*. In *Lysias*, edited by W. R. M. Lamb. Loeb Classical Library. Cambridge, Mass. : Harvard University Press, 1930.

Plutarch. *The Rise and Fall of Athens*. Translated by Ian Scott – Kilvert. Harmondsworth: Penguin, 1960.

The Complete Greek Tragedies. 4 vols. Edited by David Grene and Richmond Lattimore. Chicago: University of Chicago Press, 1959.

Thucydides. *Thucydides Translated into English*. Translated by Benjamin Jowett. Oxford: Clarendon Press, 1881.

Xenophon. *Memorabilia*. In *Xenophon*, vol. 4, *Memorabilia*, *Oeconon Symposium*, *Apology*. Translated by E. C. Marchant and O. J. Todd. Loeb Classical Library. Cambridge, Mass. : Harvard University Press, 1923.

研究作品

专　著

Averroes. *Averroes on Plato's "Republic"*. Translated by Ralph Lerner. Ithaca, N. Y. : Cornell University Press, Agora Paperback Edition, 1974. 中世纪伊斯兰哲人对《王制》所作的"柏拉图路向的"评论。值得注意的是，书中为沉思生活进行了辩护，并思考了哲学与宗教之关系的政治意义。

Bloom, Allan. *The Closing of the American Mind*. New York : Simon & Schuster, 1987. 为苏格拉底对智慧的追寻进行辩护，探讨了妨碍沉思生活中教育的因素。

Burkert, Walter. *Homo Necans*: *The Anthropology of Ancient Greek Sacrificial Ritual and Myth*. Translated by Peter Bing. Berkeley : University of California Press, 1983. 研究古希腊宗教的各个基本方面，对厄琉西斯秘仪进行了很好的说明。

Comotti, Giovann. *Music in Greek and Roman Culture*. Translated by Rosaria V. Munson. Baltimore : Johns Hopkins University Press, 1989. 对古代音乐的介绍颇有益，文字生动。

Frame, Douglas. *The Myth of Return in Early Greek Epic*. New Haven, Conn. : Yale University Press, 1978. 以哲学方式研究了转世神话，特别关注了《奥德赛》。

Kierkegaard, Søren. *Philosophical Fragments*. In *Philosophical Fragments/Johannes Climacus* Vol. 7 of *Kierkegaard's Writings*. Edited and translated by Howard V. Hong and Edna H. Hong. Princeton : Princeton University Press,1985. 包含了对苏格拉底教学法的本质与内涵的深刻阐释。

Klein, Jacob. *A Commentary on Plato's Meno*. Chapel Hill: University of North Carolina Press,1965. 为柏拉图对话录的文本细读提供了一个极佳的范例,颇具启发性地思考了柏拉图的阐释方法、哲学回忆的意义,以及线喻。

Medieval Political Philosophy. Edited by Ralph Lerner and Muhsin Mahal. 1963. Ithaca, N. Y. : Cornell University Press, Agora Paperback Editions,1972. 关于阿尔法拉比和迈蒙尼德的章节反映出柏拉图对中世纪伊斯兰和犹太政治哲学的影响。

Nichols, Mary P. *Socrates and the Political Community: An Ancient Debate*. Albany: State University of New York Press,1987. 将《王制》阐释为对阿里斯托芬《云》的回应。

Nietzsche Friedrich. *The Birth of Tragedy*. In *The Birth of Tragedy and The Case of Wagner*. Translated by Walter Kaufmann. New York: Random House, Vintage Books,1967. 深刻地将古希腊悲剧解释为对人类基本经验结构最为充分的表达,由"狄俄尼索斯"和"阿波罗"两大原则的相互影响所决定。尼采启发了纳斯鲍姆,主张苏格拉底反对悲剧的哲学理由并不充分。

―――. *Twilight of the Idols*. In *The Portable Nietzsche*. Translated by Walter Kaufmann. New York: Penguin Books,1976. 发展了尼采的"狄俄尼索斯式哲人"的概念,其中也评价了"苏格拉底难题",应与《悲剧的诞生》中关于苏格拉底的讨论对比阅读。

Nussbaum, Martha C. *The Fragility of Goodness: Luck and Ethics in Greek Tragedy and Philosophy*. Cambridge: Cambridge University Press, 1986. 颇具抱负与洞见,研究了古希腊悲剧与哲学,以悲剧为背景解读柏拉图的对话录,从而突破了英美学界研究柏拉图的传统方法。

Planinc, Zdravko. *Plato's Political Philosophy: Prudence in the "Republic" and the "Laws."* Columbia: University of Missouri Press,1991. 尝试将

《王制》和《法义》读解为《奥德赛》的哲学续篇与仿作。

Platonic Writings, Platonic Readings. Edited by Charles L. Griswold, Jr. New York: Routledge, 1988. 收录了关于柏拉图阐释方法的若干佳作,强调了对话录形式中的难题,也包含了不同解释方法之间的代表性论争,附有完备的参考书目。

Popper, Karl. The Open Society and Its Enemies. 2 vols. 1943. Princeton: Princeton University Press, 1966. 成书于第二次世界大战期间,将柏拉图与法西斯主义联系在一起。凡是柏拉图的研究者都应该去弄清波普尔这一颇具影响力的批评。

Rahe, Paul A. Republics Ancient and Modern: Classical Republicanism and the American Revolution. Chapel Hill: University of North Carolina Press, 1992. 此书的第一部分提供了对古代雅典与斯巴达之独特政治生活的最佳讨论,为英语世界之罕见。对所有古希腊研究者来说都极具价值。

Rosen, Stanley. Hermeneutics as Politics. Oxford: Oxford University Press, 1987. 第二章(《柏拉图式的重构》["Platonic Reconstruction"])以一种精炼的柏拉图方式回应了德里达对柏拉图的读解;第三章(《阐释即政治》["Hermeneutics as Politics"])揭示出施特劳斯与科耶夫辩论的深刻意义。

Strauss, Leo. The City and Man. 1964. Chicago: Universiry of Chicago Press, 1978. 包含了对《王制》的一篇经典文章,也对修昔底德和亚里士多德的《政治学》进行了解读。施特劳斯的细致解读严肃地对待了对话录的文体形式和柏拉图对反讽的使用。

_____. On Tyranny. 1963. Edited by Victor Gourevitch and Michael S. Roth. New York: The Free Press, 1991. 包括施特劳斯对色诺芬《希耶罗》的翻译和细致分析,《希耶罗》号称是一部关于哲人生活与僭主生活之关系的"苏格拉底式"对话录,与《王制》对比阅读,收获良多。书中也收录了科耶夫的精彩论文《僭主与智慧》("Tyranny and Wisdom"),该文将哲学和僭主解释为在寻求承认的过程中紧密相关的两个现象。书中收录的施特劳斯与科耶夫之间的辩论显示出其哲学的深度与明晰。这次辩论集中在《王制》的基本问题上,包括哲学与智术的差异,以及哲学与政治的关系。

文章、著作选篇、评论

Bloom, Allan. "Aristophanes and Plato: A Response to Hall." In Allan Bloom, *Giants and Dwarfs*, 162 – 176. New York: Simon & Schuster, 1990. 对《王制》中的苏格拉底教学法进行了出色的概述,Bloom 认为必须关注柏拉图对话中的喜剧维度和阿里斯托芬戏剧中严肃的维度。

Brann, Eva. "The Music of the *Republic*." In *Four Essays on Plato's "Republic."*: Saint John's Review 39, nos. 1 and 2 (1989 – 1990): 1 – 103. 沿着 Klein 和 Stauss 的研究路向深入研究了《王制》,对全书结构的解释颇有价值。

Clay, Diskin. "Reading the *Republic*." In *Platonic Writings, Platonic Readings*, edited by Charles L. Griswold, Jr., 19 – 33. New York: Routledge, 1988. 作者认为,《王制》中苏格拉底遭到的那些挑战与打断,对整部作品的解释具有重要的意义。

Derrida, Jacques. "Plato's Pharmacy." In *Disseminations*, translated by Barbara Johnson, 61 – 171. Chicago: University of Chicago Press, 1981. 这篇引人入胜、颇具野心的文章试图展示,柏拉图将哲学演绎成一剂对抗智术之"毒性"的解毒药,但也对自身进行了涂抹或"解构"。尤其值得注意的是,该文细致地考察了柏拉图文本的含混性。

Dimock, C. E., Jr. "The Narre of Odysseus." In the *Odyssey*, edited by Albert Cook, 406 – 424. Norton Critical Edition. New York: Norton, 1974. 这篇文献堪称经典,将《奥德赛》视为"赢取自己灵魂"的探索。作者的解读为我们理解奥德修斯旅程的哲学内涵提供了颇具启发性的指引。

Griswold, Charles L. , Jr. "Plato's Metaphilosophy: Why Plato Wrote Dialogues." In *Platonic Writing*, *Platonic Readings*, edited by Charles L. Griswold, Jr. , 143 – 167. New York: Rourledge, 1988. 本文细致地研究了柏拉图的文体,在哲学的基础上为对话体进行了辩护。作者根据苏格拉底用以验证哲学生活的"辩证法"来解释对话体,其中对德里达的柏拉图解读亦有颇具说服力的批评。

_____. Review of Martha Nussbaum, *The Fragility of Goodness. American Scholar* 57, no. 2(1988):314 – 320. 本文的批评对象是纳斯鲍姆,认为她没有足够认真地将对话录首先视为文学作品。

Howland, Jacob. "The Cave Image and the Problem of Place: The Sophist, the Poet, and the Philosopher." *Dionysius* 10(1986):21 – 55. 本文细致阐释了洞喻,尤其关注其中的戏剧维度。

_____. "Philosophy as Dialogue: Charles L. Griswold, Jr. 's *Self – Knowledge in Plato's 'Phaedrus'*." *Reason Papers* 17(1992):113 – 134. 比较了数种柏拉图解释的当代进路,包括纳斯鲍姆和德里达的解读,也包括对阿里斯托芬与柏拉图之关系的某些讨论,并且展示了正统研究对柏拉图年表的假定中所包含的解释意义。

_____. "Re – reading Plato: The Problem of Platonic Chronology." *Phoenix* 45.3(1991):189 – 214. 本文以更加丰富的古代柏拉图阐释方法对勘当代柏拉图研究,认为当代研究对柏拉图年表的假定是缺乏依据的。

_____. "Socrates and Alcibiades: ērōs, Piety, and Politics." *Interpretation* 18, no. 1(1990):63 – 90. 本文研究了《阿尔喀比亚德后篇》,关注阿尔喀比亚德的天性,并将其对荣誉的追求与苏格拉底式的哲学生活进行比较,有助于理解阿尔喀比亚德与格劳孔、苏格拉底在性格方面的联系。

Hyland, Drew A. "Plato's Three Waves and the Question of Utopia." *Interpretation* 18, no. 1(1990):91 – 109. 作者表明,苏格拉底在第五卷中严肃地主张第一波巨浪既是可能的也是有益的,而后两

波巨浪则既不可能也无益处。

――――. "Why Plato Wrote Dialogues." *Philosophy and Rhetoric* 1 (1968):38–50. 对柏拉图哲学风格的复杂议题进行了清晰、全面的介绍。

Lachterman, David. "What Is 'The Good' of Plato's *Republic*?" In *Four Essays on Plato's "Republic"*: Saint John's Review 39, nos. 1 and 2 (1989–1990):139–171. 本文对善的本质和好处的讨论富有挑战性。

Miller, Mitchell. "Platonic Provocations: Reflections on the Soul and the Good in the *Republic*." In *Platonic Investigations*, edited by Dominic J. O'Meara, 163–193. Washington, D. C. : Catholic University of America Press, 1985. 本文极具启发性地将善和理念解释为哲学研究的可能性条件。

Page, Carl. "The Truth about Lies in Plato's *Republic*." *Ancient Philosophy* 11(1991):1–33. 细致解读了阿德曼托斯城邦中有关谎言的关键段落,以相当的篇幅为谎言在塑造德性的过程中所起的作用进行了苏格拉底式的辩护。

Roochnik, David L. "The Riddle of the *Cleitophon*." *Ancient Philosophy* 4 (1984):132–145. 作者讨论了《王制》和《克利托丰》中克利托丰的角色,突出了克利托丰这位极端的相对主义者对我们理解哲学话语的限度与假设的重要意义。

――――. "The Tragic Philosopher: A Critique of Martha Nussbaum." *Ancient Philosophy* 8 (Fall 1988):285–295. 作者认为,纳斯鲍姆没能关注到对话体的文体形式,从而将柏拉图错误地描绘为"古希腊悲剧的最大敌人"。

Rosen, Stanley. "The Role of *ēros* in Plato's *Republic*." *Review of Metaphysics* 18(1965):452–475. 本文对《王制》中爱欲的作用进行了深入探讨,首先区分了爱欲的"数学"变体和"诗学"变体,其中对《会饮》和《王制》之关系的评论堪称洞见。

Rosenstock, Bruce. "Rereading the *Republic*." *Arethusa* 16, nos. 1 and 2

(1983):219-246. 作者思考了《王制》叙事结构的哲学意义,尤其关注了本荻丝节和厄尔神话。

Saxenhouse, Arlene W. "Comedy in Callipolis: Animal Imagery in the Republic." *American Political Science Review* 72, no. 3(1978):888-901. 作者展示了第五卷的喜剧维度,尤其关注苏格拉底对完美城邦的讨论与阿里斯托芬戏剧的相似性。

Seaford, Richard. "Dionysiac Drama and the Dionysiac Mysteries." *Classical Quarterly* 31, no. 2(1981):252-275. 本文研究了早期悲剧中狄俄尼索斯秘仪的重要性,有助于厘清悲剧和秘仪的本质。

Segal, Charles. "Transition and Ritual in Odysseus' Return." In *the Odyssey*, edited by Albert Cook, 465-486. Norton Critical Edition. New York: Norton, 1974. 本文研究了《奥德赛》中象征与仪式的意义,以及有关返乡的其他史诗,有助于理解《王制》中的象征符号。

———. "'The Myth Was Saved': Reflections on Homer and the Mythology of Plato's *Republic*." *Hermes* 106, no. 2(1978):315-336. 以荷马为背景阅读柏拉图,作者为柏拉图的"哲学史诗"提供了诸多极为深刻的见解。

———. "The Phaeacians and the Symbolism of Odysseus' Return." *Arion* 1, no. 1(1962):17-64. 文本将《奥德赛》的结构阐释为从奇幻世界向现实世界的回归,对理解《王制》的类似结构非常重要。

Vernant, Jean-Pierre. "Greek Religion." In *The Encyclopedia of Religion*, edited by Mircea Eliade, vol. 6, 99-118. New York: Macmillan, 1987. 对古希腊宗教进行了深入、全面的介绍。

———. "Tensions and Ambiguities in Greek Tragedy." In Jean-Pierre Vernant and Pierre Vidal-Naquet, *Myth and Tragedy in Ancient Greece*, translated by Janet Lloyd. New York: Zone Books, 1988. 韦尔南强调了悲剧的哲学本质,由此发现了古希腊悲剧最为核心的含

混与紧张,帮助我们认识到《王制》的悲剧特征。

Zeitlin, Froma. "Playing the Other: Theater, Theatricality, and the Feminine in Greek Drama." In *Nothing To Do with Dionysus?*, Edited by John J. Winkler and Froma I. Zeitlin. Princeton: Princeton University Press, 1990. 本文重申了韦尔南在古希腊悲剧某些重要维度上的若干洞见。和韦尔南一样,作者强调了悲剧的真正本质在于哲学。

内容索引

（索引中数字为原书页码）

Achilles, 99–100; shade of, 137, 143, 144
Adeimantus: "arrests" Socrates, 110; clings adamantly to justice, 84, 160; criticizes poeticoreligious tradition, 77–78, 84–86; defends Glaucon, 84–86; as dreamer, 100; embodies persuasion, 36, 37; moderation and decency of, 85, 96, 100, 101, 103, 108; raises issue of happiness, 40, 107; reforms religious myths, 97–98. See also City of Adeimantus
Adrasteia, 111, 112
Aeschylus, 3, 19, 111; *Prometheus*, 111
afterlife, 34, 60, 61, 62, 85, 143. See also Hades
Alcibiades: associates with Socrates, 15; compares Socrates with satyrs, 31; embodies spiritedness, 99; loves honor, 8
Alkinoos: and Arete, 53, 117; as indulgence of, 8, 9; logos as reflection of, 14; as part of soul, 40; of parts of soul, 152; of Socrates' companions, 37, 41

image of philosopher-king, 117; tale of, 49, 53, 155
animals: in Cave image, 133, 135; differ from humans in soul, 87, 113–15; humans bred like, in City of Adeimantus and Kallipolis, 29, 39, 52, 93, 95, 113–15; lack logos, 69–70; in lottery of lives, 156; members of City of Pigs resemble, 91; rulers treat ruled as, 73; Socrates assimilates humans to, in *Clouds*, 14–15, 29; unmusical nature of, 102. See also dogs
aphrosunē. See folly
Apollo: Socrates' hymn to, 26; oracle of, at Delphi, 105
appetites: assimilation of *erōs* to, 115; tyrannical, 38–39, 58–63; in City of Pigs, 90; community as means to gratify, 37; *erōs* transcends, 38; formation of, 151; good life as ture and politics of, 3–9, 35, 36, 55, 58; and Eleusinian Mysteries, 46; execute Socrates, 44; mirrored in Feverish City, 78, 79; Socrates

archaeology, philosophic, 86–87
archē, 86; Good as, 122, 124, 130; sun as, 122, 145
Arete. See Alkinoos
Aristophanes: Assemblywomen, 29, 113, 115; Birds, 29; Clouds, 4, 13–16, 28, 36, 37, 46, 58, 69, 113, 114, 116, 117, 118, 134, 140, 157; Frogs, 29, 47; makes accusations against Socrates, 13–15, 54, 84, 117, 134; and Friedrich Nietzsche, 18, 19, 21, 22; and Martha C. Nussbaum, 21, 29; Plato's epigram on, 28; Plato's ironic imitation of, 32, 87, 94, 112–16, 118, 134; portrays logos as noise, 14, 36, 75; Republic as response to charges of, 30, 37, 46, 54, 55, 113, 134; in Symposium, 126
Aristotle: calls Auxiliaries an occupying army, 153; criticizes extremism of Kallipolis, 15–18, 22; on honor, 8; on the polis, 7; Nicomachean Ethics, 8, 64; on the Odyssey, 32; Politics, 7, 70
ascent and descent: in Cave image, 138, 141, 145, 148; dramatic motif of, 28, 29, 32, 43–45, 47, 48, 51, 53, 54, 111, 122, 148; as elements of dialectic, 131; in Myth of Er, 157; in Myth of Gyges' Ring, 81, 82
Asclepius, 99
Athenians: Assembly of, 14, 36, 113; autochthony of, 105; charge Aristotle with impiety, 22; cult the sacred, 61, 62; madness of, 62–63; money important to, 59–61, 67; piety of, 57–58, 60–62; resembles Polyphemus, 51, 70; and Thrasymachus,

as threat to, 13–15; under Thirty Tyrants, 43–44
Autolycus, 65, 66, 70
Auxiliaries, Aristotle on, 16, 153; distinguished from complete Guardians, 104–105. See also dogs; education; Guardians

barbarians, 5–6, 81
beauty: of erōs, 29; of god, 98; irrelevance of in Kallipolis, 113; the many are ignorant of, 142; as object of erōs, 40, 103, 113, 115; is sacred, 29; of Socrates, 11
Bendis, 35, 43, 44, 46
Bloom, Allan, 70, 85, 116
body: in Myth of Gyges' Ring, 82–83; in City of Pigs, 89–92; as symbol of phusis, 82, 114
Brann, Eva, 45, 52, 54
breeding, of humans, 29, 93, 114–15

Cadmus, 106
calculation, 40, 61, 73, 108
Calypso, 48, 50, 52, 88, 113
cave: metaphor of, 45, 47, 48, 49, 50, 52, 63, 85, 109, 110, 112–13; Socrates' image of, 41, 44, 45, 49, 119, 129, 132–49; Thinketeria as, 15
Cephalus: is closed to philosophy, 56, 70–71, 73; death of, 43; fears of, 38–39, 98, 99; as fragmented soul, 51; enslavement of to bodily appetites, 38–39, 51, 58–63, 70, 99; and Glaucon, 83, 84; lacks moderation, 59, 63; lacks sense of sacred, 91; and formation of the soul, 133–35, 150–51; and friendship, 65, 67; and manliness, 80; origins of, 89–90; and philosophy, 9, 12–15, 21,

71, 72, 75
chance, 155, 157, 159
children: community of women and,
   16, 110–16; stories told to,
   96–97, 144
Cicero, 10
Circe, 48, 88, 104
City of Adeimantus, 16; as cave, 48,
   52–53, 109; deception in, 42;
   education in, 92–104; as
   experiment, 93; humanly deficient character of, 78, 94; justice in, 90; mythical analogue
   of, 88; and Noble Lie,
   104–107; Socrates defends,
   40, 107–10; unphilosophical
   nature of, 41
City of Pigs, 16, 78–79, 88–92, 95,
   105
city-in-speech: criticisms of, 16–18,
   illustrates justice, 39, 40, 126;
   irony of, 87, 117; mythical
   character of, 39–40; pedagogic
   function of, 78–79, 86, 89;
   and philosophic community,
   68. *See also* City of
   Adeimantus; City of Pigs;
   Feverish City; Kallipolis
Cleitophon, 56, 57, 73, 75
Cloud Cuckooland, 29, 148
comedy: forbidden in City of
   Adeimantus, 99; Plato's appropriation of, 26, 28–29, 31, 32;
   in *Republic*, 47, 68, 70, 94,
   107–10, 112–15, 117–18, 127
community: beasts not part of, 69;
   competition in, 7–8, 136–137;
   constituted by logos, 6, 7, 37,
   55; depends on sense of the
Dimock, G. E., Jr., 52
Dionysus, 5, 19, 29, 47, 106, 143
discourse: Athenian, 3, 7, 8, 25, 26;
   community of, 35, 68; direct
   and indirect, 34; emergence of

34–37, 41, 46–47, 53, 54, 55,
   133–49, 150–51; of pleasure
   and pain, 115; polis as, 5; possibility of, 37, 54–55, 67–68;
   is sacred, 47, 73; of Socrates
   and companions, 34–35, 37,
   68, 110; unjust man subverts,
   73
Cornotti, Giovanni, 108
cosmos: disruption of, in Myth of
   Gyges' Ring, 81; philosophic
   deconstruction of, 18; Platonic
   dialogues as, 30; and soul in
   Myth of Er, 155–60
courage: and boldness, 70–71, 80; in
   city and soul, 40, 107–9; formation of in Guardians, 95,
   98–102; and philosophic
   piety, 62; Socratic or philosophic, 62, 70–71, 76, 80, 82,
   95, 140; political versus philosophic, 104, 108
Critias, 44
Cyclops, 9, 47, 51, 70, 82

daimōn, 127; and *ēthos*, 156–59
death: fear of, 58, 60, 61, 99; as
   moment in philosophical education, 46, 141; in *Odyssey*,
   46–48, 49, 51–53; philosophy
   confronts, 31, 44, 49, 51–53,
   62, 108, 155; undertone of in
   Republic, 43
Derrida, Jacques, 81
dialectic, 130–31
dialogue, philosophic, 38, 75,
   146–48, 159–60. *See also* discourse
dianoia, 130, 131
Er, Myth of, 33–34, 42, 43, 44, 45,
   46, 48, 49, 53, 58, 63, 150–60
erōs: ambiguous nature of, 38,
   92–93, 152–54; in City of
   Pigs, 88–92; as *daimōn*, 127;

philosophy in, 42, 45, 77; musical, 101; Socratic, 69–74, 80, 113–14. See also dialogue
Divided Line, 127–32
divination. See prophecy
divinity: of erōs, 111–12; of erotic liberty, 83; of Ideas and the Good, 119, 124–27, 132–33, 142–44; of philosopher, 116–18; of poetic wisdom, 100–101. See also gods
division of labor, 89, 90, 95
dogs, 15, 95, 96, 100, 102, 104, 106, 114
doxa, 96, 108, 120, 122
drama: Athenian, 4–5; of dialogues, 25–31, 101; of Republic, 12, 32–55, 56, 68, 69, 73, 74, 75, 113, 132, 133, 160; tragic, 19–21
dream: Apollonian, 19; education of citizens as, 105; just city as 53, 109–10; of Penelope, 110; philosophic homecoming as, 110; of prisoners, 137

education: of Auxiliaries and Guardians, 39–41, 92–108; of Glaucon, 79, 95, 110; paradoxical nature of, 40, 78, 93; philosophical, 22, 42, 45, 51, 55, 56, 66, 72, 75–76, 82, 93, 95–96, 108, 112, 119–49, 151, 154, 160; traditional, 92
eikasia, 127, 129–31, 142
epic, 26, 28, 30–31, 32, 43–44, 47, 51, 101
epistēmē, 120, 122, 131
epithumia. See appetites
Gilgamesh, 47, 48
Glaucon: ambition of, 9, 79; attached to nomos, 91; attitude toward logos, 80; corrupted by tradition, 84–86;

in Feverish City, 92; god lacks, 98; in Kallipolis, 111–18; and music, 101–4; and philosophy, 35–42, 55, 108, 111, 120, 126–27, 139–40, 145, 150–55; is repulsed by ugliness, 113; is sacred, 112
ēthos. See daimōn
Euripides, 3; Bacchae, 105, 106; Cyclops, 9, 54; Hecuba, 4, 54; Ion, 105; Medea, 6; Suppliant Women, 6
Everyman, 155
excellence, 7–9, 90

Fates, 155–58
fathers: are attached to children, 59–60; fight with sons, 97; praise justice, 84
fear: god lacks, 98; and Mystery initiation, 46; opposes true piety, 62; poets stir up, 62, 98, 99; as root of justice, 61, 71, 81
Feverish City, 16, 78–79, 88–89; 91–92, 94, 95, 103
folly, 133–37, 140, 141, 151
forgetfulness, 33, 42, 43, 47, 49, 51, 104, 125, 144, 159
Frame, Douglas, 48, 51
freedom: as erotic liberty, 39, 83; from desires, 58–59; Guardians as craftsmen of, 93; political, 5–6
friendship: in the city, 16, 64–65, 67–68, 106; in the soul, 154; philosophy nurtures, 47

Garden of Eden, 89
gentleman, 64–65, 100
moderation as, 108; of philosophical and spirited natures, 102; is not polyphony, 108
health: of polis, 55; in City of Pigs, 88–89, 91; music and, 98

courage of, 77, 80, 82, 126;
defends moderation, 110;
erotic nature of, 78–83, 103,
120; feverish soul of, 78–83,
90–92, 103, 127; identified
with Kallipolis, 41; loves
honor, 83; philosophic potential of, 77, 79–80, 82, 88, 93,
126; is a poet, 79; praises
money, 83, 85; praises tyrannical injustice, 29, 39, 42, 44,
79, 80–84, 98; resembles
Guardians, 95; spiritedness of,
37, 94; taming of, 94–110,
160
gods: bribery of, 60–62, 83; in
Noble Lie, 105–106;
Olympian, 4–5, 40, 143; poets
depict as unjust, 62, 78,
82–86; replaced by Ideas, 40,
96–98, 119. See also divinity
Good, 45, 51–52, 88, 109, 119–27,
131, 132, 133, 141, 144,
145–46, 148
Guardians: breeding of, 114–15;
female, 111–13; inculcated
with opinion, 41, 96, 104; are
potentially immoderate,
99–100, 103; are potentially
vicious, 96, 97, 102, 105–107.
See also dogs; education
Gyges' Ring, Myth of, 80–84, 92, 98
gymnastic, 92, 96, 98, 102–103, 113

Hades, 15, 29, 43–49, 51, 54, 58,
60, 81, 137, 143, 151, 157
happiness, 39, 40, 54
harmonic modes, 100, 101–102, 104
harmony: of form and content, 34;
shapes soul, 100–101, 129,
135
incest, 16, 111, 115
intoxication, of poets, 19, 144
irony: Platonic, 18, 31, 32, 41–42,

Heracleitus, 96, 156
Heracles, 47, 54
hermeneutical circle, 124–26, 142,
147–48, 160
Hermes, 87–88, 126
Herodotus, 3, 4
Hesiod, 40, 43, 78, 84, 90, 97, 119,
141; Golden Age of, 89;
Theogony, 4; *Works and Days*,
105
homecoming, Odyssean subtext of,
48, 49, 51, 52, 53, 88, 110
Homer, 3, 4, 40, 43, 119, 141; and
Apollonian impulse, 19; corrupting influence of, 65, 78,
84–85; *Iliad*, 4, 8, 45, 53, 56,
90; *Odyssey*, 4, 32, 47–54, 70,
87–88, 94, 110, 137, 144;
Plato adapts epic of, 30–31,
44; as prophetic poet, 141–44;
Socrates' friendship for, 143
honor, love of, 6, 8–9, 66, 69, 72,
74, 75, 76, 79, 83, 86, 90,
136, 137, 140, 152, 159
hubris, 100, 111
humanity: *erōs* a mark of, 87, 89;
philosophy incorporates, 142,
145
Hyland, Drew A., 115, 117

Ideas, 40, 41, 51, 87, 98, 117,
119–49, 151. See also divinity;
gods
idiōtēs, 7
imagination. See *eikasia*; images
images: Apollonian, 19; philosophical, 119–22, 125–32, 146–49;
of prophetic poet, 141–44
imitation: gods not worthy of, 40;
99; softens *thumos*, 99. See
also comedy
letters, of soul and city, 87, 120,
126
lies: god does not tell, 98; in city-in-

70; Socratic, 29, 62, 68, 69,
78, 95, 107, 111, 113–18

justice: as advantage of the stronger, 70–72; city-in-speech illustrates, 86–118, 126; *erōs* conflicts with, 38–39, 40, 41, 55, 60–61, 80–84, 153; as helping friends, 65–68; not a *technē*, 66; as theft, 65, 66; philosophy presupposes, 75–76; Plato's extremism in regard to, 16–18; poets cannot defend, 84–86; rooted in division of labor, 89–90; Socratic, 74

Kallipolis: antithetical to philosophy, 34, 37–38, 42, 112, 151; as blueprint, 16–18, 42; as experiment, 93; ironic character of, 29, 41–42, 78, 94, 110–18, 148, 155; mythical analogue of, 52, 53, 88; ugliness of, 29
Khmer Rouge, 116
Klein, Jacob, 129, 130, 131, 132
knowledge: can be shared, 74, 75; of formal structures, 87; Good makes possible, 122–24; Meno's paradox about, 147; of self, 33–34, 42, 51, 60, 61, 63, 124, 126, 159–60; versus belief or opinion, 70, 120–21, 127–31. See also *epistēmē*

Lachesis. See Fates
Laestrygonians, 47
laughter: gods not overcome by, 40,
metals: mark ages of man, 105, 106; of souls, 82, 105–106, 107
mimesis. See imitation
moderation: in city and soul, 40, 108, 109, 153–55; conflicts

speech, 17, 104–107; noble better than base, 97; rulers employ a throng of, 114; told to mad friends, 62, 98, 105. See also Noble Lie
light and life, philosophy as return to, 49, 51
logismos. See calculation
logos: and community, 6, 7, 37, 55; and *ergon*, 34; is imagistic, 131; as medicine for soul, 86; movement of in *Republic*, 45–46, 49–53, 111; music opens soul up to, 101, 104, 154; power of Socratic, 94, 108, 109–10; as rhetoric, 72; of the soul, 87; Thrasymachus threatens and Socrates rescues, 69–75
longer road, 109
lottery: of lives, 151, 153, 155–59; mating, 114
Lysias, 43

madness, 62–63; and *erōs*, 38, 58–59, 60, 61, 62, 83, 103; of great-spirited men, 98–99; simple narrative appropriate to, 100
marriage: in Kallipolis, 29, 114–15; is sacred, 115
mathematical and geometrical: control of *erōs*, 41, 115; elements of Divided Line, 131, 134; image-making, 130, 131; necessity, 112; training of *dianoia*, 130
medicine, 65, 73, 86, 98–99
philosophic education a matter of, 139, 145, 154, 158; is provident, 89–90, 105; taming not contrary to, 95
necessity: in choice of life, 155–60;

with *thumos*, 96, 99–100;
inculcation of, 99–103; new
gods are models of, 40, 98; of
philosopher, 103; and
phronēsis, 63
money: is cause of faction, 115; as
condition of decency, 60–61;
decent man cares little for, 99;
Guardians forbidden to have,
106–107
Muses, 41, 92
music, 40, 92, 96–104
Mysteries: Eleusinian, 46, 84–85,
97; of *erōs*, 94, 126–27; of
perfect injustice, 82; philosophy as initiation into, 28, 32,
46–47, 127; Socrates desecrates, 15; sophistry as perversion of, 137–41
myth: as language of the soul,
30–31; and ritual, 4; Socrates
instructs by means of, 78–79,
108, 110; in structure of
Republic, 43–54

nakedness, 81, 82, 113–14
narrative: simple and imitative,
100–101; structure of
Republic, 33–34; styles of
Plato and Socrates, 101
nature: aggression rooted in, 71, 97;
as chaos, 18–20; conflicts with
custom, 21, 71, 81, 113–14,
150; feverish behavior springs
from, 91; imitation molds,
100; nakedness symbolizes,
113–14; philosophic archaeology exposes, 86–87, 89, 91;
paideia. *See* education
painting, 85, 91, 92, 144, 152
paradigms: of lives, 156, 158–59,
160; poets establish, 78,
83–84; in soul of philosopher,

city of, 91; divine and erotic,
111–12; natural, 89–90, 91,
150
Nietzsche, Friedrich, 18–22, 101
nihilism, and philosophy, 139
Noble Lie, 44, 82, 97, 104–107,
108, 115
noēsis, 127, 130, 131
nomos: citizens fight for as for walls,
96; clothes symbolize, 114; is
coordinate with character,
150; and *phusis*, 21, 71, 86,
89, 91, 114; the strong establish, 71; the weak establish, 81
nostos. *See* homecoming; *nous*
nous, 54, 61, 104, 108, 122, 152,
157; and *nostos*, 51
Nuptial Number, 41, 112, 150
Nussbaum, Martha C., 20–22,
28–30, 151

Odysseus: called wisest of men, 100;
chooses best life, 159; companions of, 88, 91; confronts
Polyphemus, 70; in Hades,
137, 144; loses clothing, 114;
as model of philosophic hero,
31, 32, 47–55, 56; polytropism of, 54, 100, 117; saved
by Hermes, 87–88; and Trojan
horse, 82
Ogugia, 88, 114
opinion: courage as preservation of,
108; of the Good, 88, 121–22,
124–26; hardens in children,
97; men attached to their own,
60; orthodox, 96, 104, 108.
See also knowledge
becomes wisdom, 159–60; origins of in *erōs*, 35–38, 55; is
both peaceful and warlike, 75;
is most pleasurable, 103;
prephilosophic experience

117, 151
paradox: Meno's, 147; of becoming philosophical, 93, 151–52, 155–60; tragic sense of, 31, 42, 156; waves of, 16, 52, 111, 112–17
Parmenides, 116
patrioi nomoi, 96
patriotism, 65, 67–68; as convenience, 67
Peloponnesian War, 5, 7, 43
Penelope, 48, 110
Pericles, 3, 5–7
Phaeacians, 47, 49, 52, 53, 88, 113, 117, 148
Pheidippides, 116, 134
philia. See friendship
philosopher: courage of, 108; as epic hero, 26, 31; as god, 116–18; leaves cave, 49, 134, 143; is mistaken for sophist, 139; moderation of, 103, 108; must be king, 111; must justify philosophy, 50; and nonphilosophers, 27, 37; requires dialogue, 146–47, 160; requires sense of his place, 47, 133; is spirited and erotic, 41, 56, 75, 95, 120, 121, 139–40; is unsure of his goal, 50; wholeness of, 118, 144–49; wonder of, 36, 139–40
philosophic rulers, 116–17, 143, 148–49, 155
philosophy: attempts homecoming of soul, 49–51; involves appreciation of the sacred, 86; justice inheres in, 68; may depend on luck, 155; never political instrumentality of, 17, 96–98, 105–107; quarrel of with philosophy, 19, 62; Socrates rationalizes, 103–104; superior to philosophy anticipates, 45, 51; provides individual salvation only, 42, 53, 151; sophist preaches worthlessness of, 140; stands in tension with political community, 55
phronēsis, 63, 104, 117, 134, 137, 146, 152
phusis. See nature; *nomos*
piety, 58, traditional, 60–62; philosophic, 62
Pindar, 3, 61
Piraeus, 35, 43, 44; Socrates' trip to, 28, 29, 36, 43–45, 79, 82, 110
pistis, 121, 129, 131
Planinc, Zdravko, 52
Plato: *Alcibiades I*, 62; *Alcibiades II*, 125; *Apology*, 3, 15, 68, 69; *Euthyphro*, 61, 74, 86, 98, 111; *Ion*, 104, 143; *Laws*, 11, 63; *Meno*, 147; *Phaedo*, 15, 26, 125; *Phaedrus*, 27, 30, 112, 144; *Statesman*, 11, 117; *Symposium*, 31, 38, 98, 112, 115, 126, 127; *Theaetetus*, 27, 36, 113, 140. See also Aristophanes; comedy; cosmos; Homer; irony; justice; narrative; Platonic dialogues; tragedy
Platonic dialogues, 3; chronology of is inaccessible, 29–30; literary form of, 19–20, 25–31, 101; as philosophic poems, 132; and Socrates, 11
pleonexia, 71, 81, 90, 92
poeticoreligious tradition, 39, 51, 78–86, 98
poetry: celebrates humanity, 21; rhetoric, 8, 69, 71, 72, 80
rhythm, 101–102, 104
Rosenstock, Bruce, 43

sacrifice: as bribery, 61, 62, 85;

phy, 19. *See also* images; myth; poeticoreligious tradition; poets
poets: are light and winged, 104; are attached to their poems, 60; are banned from city-in-speech, 100; emphasize laboriousness of justice, 85; make images of everything, 144; play on fears and hopes, 62; prophetic, 141–44; Socrates resembles, 122
Polemarchus: "arrests" Socrates, 41, 110; courage of, 65; death of, 43, 65; debates with Cleitophon, 73; *erōs* of, 64; a friend of philosophy, 76; interested in justice, 64–65; patriotism of, 56, 67–68; spiritedness of, 36, 37, 56; values friends, 63–68, 75
pollution, religious, 111, 112
Polyphemus. *See* Cyclops
Popper, Karl, 16–18, 22, 29
pre-Socratic philosophers, 10, 15, 26
prophecy, philosophic, 122–27, 131

Rahe, Paul A., 96
reason: age of, 101; beasts lack, 68–69; relativism of, 18; requires music to master passions, 154; as slave of passions, 58–59; tyranny of, 19
recollection, philosophic, 32–35, 42, 48, 49, 59, 147, 159
regimes: cycle of, 42, 53, 150; define justice in different ways, 71
religion. *See* gods; poeticoreligious tradition; sacrifice
things, 13–15, 21, 111–12; preserves experience of the sacred, 46, 62, 86, 117–18; is polytropic, 54, 66, 117; provides philosophic antidote, 81, reconfirms cosmic hierarchy, 91
satyrs, 31; and satyr–play, 3, 26, 31
Saxenhouse, Arlene W., 29
Scheria, 52, 53, 88, 114
Segal, Charles, 30–31, 44, 52
sex, 29, 38, 41, 58, 59, 83, 90, 91, 103, 111, 112–15; as metaphor, 135
shepherding, image of, 73, 81–83
sickness: of Socrates, 19; of Feverish City, 79, 92, 93; of the ruled, 98, 99; and sexual *erōs*, 114
sleep: metaphor of, 14, 36, 37, 47, 53, 60; Socrates' companions forgo, 39
Socrates: arrogance of, 112; beauty of, 11; challenges *nomos*, 21, 50, 54, 58, 80, 139, 140; as character in myth, 39; in *Clouds*, 13–15; conflicts with fathers, 14; 57–58; death of, 44; debunks logos, 14; defends justice, 39, 77–78, 86; deficient humanity of, 13, 20–22; desecrates Mysteries, 15; establishes community of discourse, 34–35, 37, 68, 110; feels fear, 111, 112; feigns fear, 68, 70; godsend of, 86–88, 126; instructs by means of myth, 78–79, 108, 110; irony of, 29, 62, 68, 69, 78, 95, 107, 111, 113–18; lacks wisdom, 117; not limited by patriotism, 36, 92; criticizes writing, 26–27; pedagogy of, 26–27, 78, 79, 87–88, 94, 108, 110–11; perverts sacred
Thrasymachus: boldness of, 56, 70; bound by *nomos*, 77; cares for money, 69, 74, 75; and Cephalus, 71, 72, 75; is friend of Socrates, 75; is friend of

88; reconstructs *nomos*, 78, 86; rescues logos, 69–75; resembles sophist, 15, 54, 139; replaces gods with Ideas, 40, 96–98, 119; studies physical nature, 13–15; subverts friendship, 15, 16; as thief, 66, 139; trial of, 15, 68; turns away from physical nature, 10; undermines justice, 14–15
sophistry, 8; in Cave, 137–41; challenge of, 68–75, 79–84; of Odysseus, 54; and philosophy, 54, 55, 120, 139
Sophocles, 3, 19, 62; *Ajax*, 54
sōphrosunē. *See* moderation
soul: appetites of, 40, 152; as monster, 152–55; and cosmos, 155–60; is in exile, 49; is formed by community, 133–35, 150–51; initial contentment of, 50; letters of, 87, 120, 126; and music, 101, 104, 154; polytropism of, 98; shaped by imitation, 100–101, 129, 135; is tripartite, 40
speech. *See* logos
spiritedness. *See thumos*
Strepsiades, 14, 15, 36, 37, 116, 157
Sun: image of, 41, 45, 49, 118, 119–27, 129, 131, 134, 141, 145, 147, 148, 149; journey of, 43, 46

technē, 65–66, 73, 74, 82, 92–93, 112
Thinketeria, 13, 14, 15, 134
Thirty Tyrants, 43–44
Whitehead, Alfred North, 13
Whole, 49, 50, 124, 127, 129, 131, 133, 134, 144–49
women, 16, 29, 41, 110–16

philosophy, 76, 110–11; Glaucon is ally of, 79; is insufficiently unjust, 77; lacks Glaucon's courage, 80; learns from Socrates, 72–75; is paradoxical figure, 70, 72, 80; redefines justice, 70–72; seeks honor associated with wisdom, 69, 72, 74, 75; Socrates charms, 80; threatens logos, 68–72; and Unjust Speech, 28–29
Thucydides, 3, 7
thumos, 40, 56, 75–76, 88, 91, 92, 95, 96, 98, 99, 103, 154
tragedy: and fragility of goodness, 20; and Myth of Er, 42, 156; Plato appropriates, 26, 28–30, 31
tyrant, soul of, 42, 46, 54, 77

Vernant, Jean-Pierre, 91, 156
victory, love of, 76, 152
virtue: in city, 107–10; degeneration of, 8–9, 55; formed by family, 115–16; and happiness, 54; logos mixed with music as savior of, 154; manufacture of, 96–104; has no master, 157; paradigms of, 78, 117, 124; produced by habit alone, 151; in soul, 40; wages of, 85
vision, metaphor of, 117, 119, 122–24, 135, 137, 141, 142, 144, 146–47

war, 8, 65, 69, 71, 71, 74, 75, 90, 92, 97, 102
wonder, philosophic, 36, 37, 55, 82, 96

Zeus, 4, 9, 14, 57, 97

译者附识

本书所引《理想国》中译文，多参考王扬先生译本（华夏出版社，2012年版）及《〈理想国〉汉译辨正》（华东师范大学出版社，2014年版），同时比对张竹明先生译本（译林出版社，2009年版）、徐学庸先生译本（台湾商务印书馆，2009年版），以及顾寿观先生译本（吴天岳先生校注，岳麓书社，2010年版）。书中所涉其他古希腊作品幸赖先贤巨笔，注释中皆注来源。此处一并敬致谢忱。

感谢娄林兄荐我学习、翻译此书；感谢北京大学法学院刘天娇博士通读初稿，提出宝贵意见；感谢华夏出版社马涛红编辑，精致入微，实属译者之幸。

翻译此书时，恰逢小儿李旷降生。维吉尔诗云：母熊一口一口，竟将一个毛团，舔出小熊模样。读者见笑，还请允许我将这个小念头送给李旷和他的妈妈，算是一种"立此存照"。

李诚予　识
2015年除夕夜

图书在版编目（CIP）数据

哲学的奥德赛：《王制》引论／（美）郝兰著；李诚予译. —北京：华夏出版社，2016.3
（西方传统：经典与解释）
书名原文：The Republic: The Odyssey of Philosophy
ISBN 978-7-5080-8716-0

Ⅰ.①哲… Ⅱ.①郝… ②李… Ⅲ.①柏拉图（前427～前347）—哲学思想—研究 Ⅳ.①B502.232

中国版本图书馆CIP数据核字(2016)第005262号

The Republic: The Odyssey of Philosophy by Jacob Howland
Copyright © 1993 Jacob Howland.
All rights reserved

版权所有，翻印必究。
北京市版权局著作权合同登记号：图字01-2014-0728号

哲学的奥德赛：《王制》引论

著　　者	（美）郝兰
译　　者	李诚予
责任编辑	马涛红
责任印制	刘　洋
出版发行	华夏出版社
经　　销	新华书店
印　　刷	三河市少明印务有限公司
装　　订	三河市少明印务有限公司
版　　次	2016年3月北京第1版 2016年3月北京第1次印刷
开　　本	880×1230　1/32
印　　张	6.375
字　　数	150千字
定　　价	36.00元

华夏出版社　地址：北京市东直门外香河园北里4号　邮编：100028
　　　　　　网址：www.hxph.com.cn　电话：(010)64663331(转)
若发现本版图书有印装质量问题，请与我社营销中心联系调换。

西方传统：经典与解释

古今丛编

孟德斯鸠的自由主义哲学
——《论法的精神》疏证
[美]潘戈 著

莫尔及其乌托邦
[德]考茨基 著

试论古今革命
[法]夏多布里昂 著

托兰德与激进启蒙
刘小枫 编

《劳作与时日》笺释
吴雅凌 撰

图书馆里的古今之战
[英]斯威夫特 著

但丁：皈依的诗学
[美]弗里切罗 著

在西方的目光下
[英]康拉德 著

大学与博雅教育
董成龙 编

恐惧与战栗
[丹麦]基尔克果 著

探究哲学与信仰——基尔克果与苏格拉底
[美]郝岚 著

穆佐书简
[奥]里尔克 著

撒路斯特与政治史学
刘小枫 编

民主的本性——托克维尔的政治哲学
[法]马南 著

希罗多德的王霸之辨
吴小锋 编/译

梅尔维尔的政治哲学——《切雷诺》及其解读
李小均 编/译

第二代智术师——罗马帝国早期的文化现象
安德森 著

英雄诗系笺释
[古希腊]荷马 著

统治的热望
——修昔底德笔下的阿尔喀比亚德和帝国政治
[美]福特 著

席勒美学的哲学背景
[美]维塞尔 著

西方传统：经典与解释
Classici et Commentarii
HERMES
刘小枫◎主编

雅典谐剧与逻各斯
——《云》中的修辞、谐剧性及语言暴力
[美]奥里根 著

莱园哲人伊壁鸠鲁
罗晓颖 选编

果戈里与鬼
[俄]梅列日科夫斯基 著

托尔斯泰与陀思妥耶夫斯基
[俄]梅列日科夫斯基 著

自传性反思
[德]沃格林 著

黑格尔与普世秩序
[美]希克斯 等著

新的方式与制度
——马基雅维利的《论李维》研究
[美]曼斯菲尔德 著

论埃及神学与哲学——伊希斯与俄赛里斯
[古希腊]普鲁塔克 著

凯撒的剑与笔
李世祥 编/译

纪念苏格拉底——哈曼文选
刘新利 选编

科耶夫的新拉丁帝国
[法]科耶夫 等著

夜颂中的革命和宗教——诺瓦利斯选集卷一
[德]诺瓦利斯 著

大革命与诗话小说——诺瓦利斯选集卷二
[德]诺瓦利斯 著

《利维坦》附录
[英]霍布斯 著

巨人与侏儒
[美]布鲁姆 著

或此或彼（上、下）
[丹麦]基尔克果 著

海德格尔与有限性思想（重订版）
刘小枫 选编

海德格尔式的现代神学
刘小枫 选编

走向古典诗学之路
——相遇与反思：与伯纳德特聚谈
[美]伯格 编

论宗教大法官的传说
[俄]罗赞诺夫 著

上帝国的信息
[德]拉加茨 著

双重束缚
[美]基拉尔 著

俄耳甫斯教祷歌
吴雅凌 编译

俄耳甫斯教辑语
吴雅凌 编译

黑格尔的观念论
[美]皮平 著

古今之争中的核心问题
[德]迈尔 著

浪漫派风格——施莱格尔批评文集
[德]施莱格尔 著

神圣的罪业
[美]伯纳德特 著

论永恒的智慧
[德]苏索 著

宗教经验种种
[美]詹姆斯 著

尼采反卢梭
[美]凯斯·安塞尔-皮尔逊 著

施米特对自由主义的批判
[美]约翰·麦考米克 著

舍勒思想评述
[美]弗林斯 著

诗与哲学之争
[美]罗森 著

基督教理论与现代
[德]特洛尔奇 著

亚历山大的克雷蒙
[意]塞尔瓦托·利拉 著

伊壁鸠鲁主义的政治哲学
[意]詹姆斯·尼古拉斯 著

神圣与世俗
[罗]伊利亚德 著

中世纪的心灵之旅——波纳文图拉神学著作选
[意]圣·波纳文图拉 著

弓弦与竖琴——从柏拉图解读《奥德赛》
[美]伯纳德特 著

论古人的智慧
[英]培根 著

柏拉图注疏集

爱欲与启蒙的迷醉——论柏拉图的《会饮》
[美]贝尔格 著

为哲学的写作技艺一辩——《斐德若》疏证
[美]伯格 著

柏拉图式的迷宫——《斐多》义疏
[美]伯格 著

人应该如何生活
[美]布鲁姆 著

情敌
[古希腊]柏拉图 著

哲学如何成为苏格拉底式的
[美]朗佩特 著

苏格拉底与希琵阿斯
王江涛 编译

理想国
[古希腊]柏拉图 著

谁来教育老师——《普罗塔戈拉》发微
刘小枫 编

立法者的神学——柏拉图《法义》卷十绎读
林志猛 编

柏拉图对话中的神
[德]薇依 著

厄庇诺米斯
[古希腊]柏拉图 著

智慧与幸福——柏拉图的《厄庇诺米斯》
程志敏 选编

论柏拉图对话
[德]施莱尔马赫 著

柏拉图《美诺》疏证
[美]克莱因 著

政治哲学的悖论——苏格拉底的哲学审判
[美]郝岚 著

神话诗人柏拉图
张文涛 选编

阿尔喀比亚德
[古希腊]柏拉图 著

叙拉古的雅典异乡人——柏拉图《书简七》探幽
彭磊 选编

阿威罗伊论《王制》
[阿拉伯]阿威罗伊 著

《王制》要义
刘小枫 选编

柏拉图的《会饮》
[古希腊]柏拉图 等著

苏格拉底的申辩
[古希腊]柏拉图 著

苏格拉底与政治共同体
[美]尼科尔斯 著

政制与美德——柏拉图《法义》疏解
[美]潘戈 著

《法义》导读
[法]卡斯代尔·布舒奇 著

论真理的本质
[德]海德格尔 著

哲人的无知
[德]费勃 著

米诺斯
[古希腊]柏拉图 著

亚里士多德注疏集

品格的技艺
[美]加佛 著

亚里士多德哲学的基本概念
[德]海德格尔 著

《政治学》疏证
[意]托马斯·阿奎那 著

尼各马可伦理学义疏
——亚里士多德与苏格拉底的对话
[美]伯格 著

哲学之诗——亚里士多德《诗学》解诂
[美]戴维斯 著

对亚里士多德的现象学解释
[德]海德格尔 著

城邦与自然——亚里士多德与现代性
刘小枫 编

论诗术中篇义疏
[阿拉伯]阿威罗伊 著

哲学的政治——亚里士多德《政治学》疏证
[美]戴维斯 著

色诺芬注疏集

居鲁士的教育
[古希腊]色诺芬 著

驯服欲望——施特劳斯笔下的色诺芬撰述
[法]科耶夫 等著

论僭政——色诺芬《希耶罗》义疏
[美]施特劳斯 著

色诺芬的《会饮》
[古希腊]色诺芬 著

莎士比亚绎读

莎士比亚的历史剧
[英]帝利亚德 著

莎士比亚笔下的爱与友谊
[美]布鲁姆 著

莎士比亚戏剧与政治哲学
彭磊 选编

莎士比亚的政治盛典
[美]阿鲁里斯/苏利文 编

丹麦王子与马基雅维利
罗峰 选编

卢梭集

论哲学生活的幸福
[德]迈尔 著

致博蒙书
[法]卢梭 著

政治制度论
[法]卢梭 著

哲学的自传——卢梭的《孤独漫步者的遐思》
[法]卢梭 著

文学与道德杂篇
[法]卢梭 著

设计论证——卢梭的《社会契约论》
[美]吉尔丁 著

卢梭的自然状态
[美]普拉特纳 等著

卢梭的榜样人生——作为政治哲学的《忏悔录》
[美]凯利 著

莱辛注疏集

汉堡剧评
[德]莱辛 著

关于悲剧的通信
[德]莱辛 著

《智者纳坦》研究版
[德]莱辛 等著

启蒙运动的内在问题——莱辛思想再释
[美]维塞尔 著

莱辛剧作七种
[德]莱辛 著

历史与启示——莱辛神学文选
[德]莱辛 著

论人类的教育——莱辛政治哲学文选
[德]莱辛 著

尼采注疏集

尼采与基督教——尼采的《敌基督》论集
刘小枫 编

尼采眼中的苏格拉底
[美]丹豪瑟 著

尼采的使命——《善恶的彼岸》绎读
[美]朗佩特 著

尼采与现时代——解读培根、笛卡尔与尼采
[美]朗佩特 著

动物与超人之间的绳索
[德]A.彼珀 著

施特劳斯集

苏格拉底问题与现代性[增订本]
——施特劳斯演讲与论文集：卷二
[美]列奥·施特劳斯 著

政治哲学与启示宗教的挑战
[德]迈尔 著

霍布斯的宗教批判
[美]列奥·施特劳斯 著

斯宾诺莎的宗教批判
[美]列奥·施特劳斯 著

门德尔松与莱辛
[美]列奥·施特劳斯 著

哲学与律法——论迈蒙尼德及其先驱
[美]列奥·施特劳斯 著

迫害与写作艺术
[美]列奥·施特劳斯 著

柏拉图式政治哲学研究
[美]列奥·施特劳斯 著

阅读施特劳斯
[美]斯密什 著

《会饮》讲疏
[美]列奥·施特劳斯 著

柏拉图《法义》的论辩与情节
[美]列奥·施特劳斯 著

什么是政治哲学
[美]列奥·施特劳斯 著

古典政治理性主义的重生
[美]列奥·施特劳斯 著

施特劳斯与流亡政治学
[美]谢帕德 著

犹太哲人与启蒙
——施特劳斯演讲与论文集：卷一
[美]列奥·施特劳斯 著

回归古典政治哲学——施特劳斯通信集
[美]列奥·施特劳斯 著

隐匿的对话——施米特与施特劳斯
[德]迈尔 著

苏格拉底与阿里斯托芬
[美]列奥·施特劳斯 著

古典学丛编

希腊古风时期的真理大师
[法]德蒂安 著

古罗马的教育
[英]葛怀恩 著

古典学与现代性
刘小枫 编

表演文化与雅典民主政制
[英]戈尔德希尔、奥斯本 编

西方古典文献学发凡
刘小枫 编

古典语文学常谈
克拉夫特 著

古希腊文学常谈
[英]多佛 等著

修昔底德集

修昔底德笔下的人性
[加]欧文 著

修昔底德笔下的演说
[美]斯塔特 著

古希腊政治理论
格雷纳 著

赫西俄德集

神谱笺释
吴雅凌 撰

赫西俄德：神话之艺
[法]居代·德·拉孔波 等著

赫拉克勒斯之盾笺释
罗逍然 译笺

古希腊诗歌丛编

阿尔戈英雄纪（上、下）
[古希腊]阿波罗尼俄斯 著

诗歌与城邦
[美]费拉格、纳吉 主编

品达注疏集

幽暗的诱惑——品达、晦涩与古典传统
[美]汉密尔顿 著

阿里斯托芬集

《阿卡奈人》笺释
[古希腊]阿里斯托芬 著

古希腊肃剧注疏集

希腊肃剧与政治哲学
[美]阿伦斯多夫 著

希伯莱圣经历代注疏

希腊化世界中的犹太人
[英]威尔逊 著

第一亚当和第二亚当
[德]朋霍费尔 著

新约历代经解

属灵的寓意
[古罗马]俄里根 著

维吉尔注疏集

《埃涅阿斯纪》章义
王承教 选编

维吉尔的帝国
阿德勒 著

塔西佗集

塔西佗的政治史学
曾维术 编

但丁集

但丁的圣约书
[美]霍金斯 著

洛克集

上帝、洛克与平等
[美]沃尔德伦 著

施米特集

宪法专政——现代民主国家中的危机政府
[美]罗斯托 著

美国宪政与古典传统

美国1787年宪法讲疏
[美]阿纳斯塔普罗 著

大学素质教育读本

古典诗文绎读 西学卷·古代编（上、下）
古典诗文绎读 西学卷·现代编（上、下）

中国传统：经典与解释
Classici et Commentarii

经典与解释

刘小枫 陈少明◎主编

道德真经四子古道集解
[金]寇才质 撰

皇清经解提要
[清]沈豫 撰

冬灰录
[明]方以智 著

从公羊学论《春秋》的性质
阮芝生 撰

药地炮庄笺释·总论篇
[明]方以智 著

松阳讲义
[清]陆陇其 著

起凤书院答问
[清]姚永朴 撰

青原志略
[明]方以智 原编

冬炼三时传旧火——港台学人论方以智
邢益海 编

药地炮庄
[明]方以智 著

周礼疑义辨证
陈衍 撰

经学通论
[清]皮锡瑞 著

韩愈志
钱基博 著

论语辑释
陈大齐 著

《庄子·天下篇》注疏四种
张丰乾 编

荀子的辩说
陈文洁 著

古学经子——十一朝学术史述林
王锦民 著

经学以自治——王闿运春秋学思想研究
刘少虎 著

《铎书》校注
孙尚扬 肖清和 等校注

经典与解释辑刊（刘小枫 陈少明 主编）

1 柏拉图的哲学戏剧
2 经典与解释的张力
3 康德与启蒙
4 荷尔德林的新神话
5 古典传统与自由教育
6 卢梭的苏格拉底主义
7 赫尔墨斯的计谋
8 苏格拉底问题
9 美德可教吗
10 马基雅维利的喜剧
11 回想托克维尔
12 阅读的德性
13 色诺芬的品味
14 政治哲学中的摩西
15 诗学解诂
16 柏拉图的真伪
17 修昔底德的春秋笔法
18 血气与政治
19 索福克勒斯与雅典启蒙
20 犹太教中的柏拉图门徒
21 莎士比亚笔下的王者
22 政治哲学中的莎士比亚
23 政治生活的限度与满足
24 雅典民主的谐剧
25 维柯与古今之争
26 霍布斯的修辞
27 埃斯库罗斯的神义论
28 施莱尔马赫的柏拉图
29 奥林匹亚的荣耀
30 笛卡尔的精灵
31 柏拉图与天人政治
32 海德格尔的政治时刻
33 荷马笔下的伦理
34 格劳秀斯与国际正义
35 西塞罗的苏格拉底
36 基尔克果的苏格拉底
37 《理想国》的内与外
38 诗艺与政治
39 律法与政治哲学
40 古今之间的但丁
41 拉伯雷与赫尔墨斯秘学
42 柏拉图与古典乐教
43 孟德斯鸠论政制衰败

刘小枫集

诗化哲学［重订本］
拯救与逍遥［修订本］
走向十字架上的真
这一代人的怕和爱［增订本］
现代性与现代中国：现代性社会理论绪论
沉重的肉身
圣灵降临的叙事［增订本］
罪与欠
西学断章
现代人及其敌人
儒教与民族国家
拣尽寒枝
施特劳斯的路标
重启古典诗学
共和与经纶
设计共和
古典学与古今之争
卢梭与我们
好智之罪：普罗米修斯神话通释
民主与爱欲：柏拉图《会饮》绎读
民主与教化：柏拉图《普罗塔戈拉》绎读
巫阳招魂：《诗术》绎读

编修［博雅读本］

凯若斯：古希腊语文读本［全二册］
古希腊语文学述要
雅努斯：古典拉丁语文读本
古典拉丁语文学述要
危微精一：政治法学原理九讲
琴瑟友之：钢琴与古典乐色十讲